赤い口紅があればいい

いつでもいちばん美人に見えるテクニック

はじめに

「あなたは赤い口紅をつけたことがありますか?」

久しぶりに同窓会で集まった女友達に質問をしたところ、「一度もつけたことがない」と答えた人が予想以上に多くて驚きました。同窓生ですから、私と同じく50年以上も女性として生きてきたにもかかわらずです。

さまざまなおしゃれやメイクを経験してきたはずの彼女たちが、なぜ「赤い口紅」に対してだけは臆病になるのでしょうか?

「似合わないから」「派手だから」「うまく塗れないから」「悪目立ちす

るから」「歳《とし》だから」「私なんかが……」その理由はいろいろありそうですが、そんな方にこそ、ぜひ赤い口紅にチャレンジしてほしいのです。さらに言わせてもらうならば、普段はほとんどメイクをしないという方にも、いきなり赤い口紅をおすすめします。

フランスのマダムたちがどうしてエレガントに見えるのか？ 実際にパリで観察してみると、彼女たちの多くは、素肌を生かしたナチュラルメイクに赤い口紅をつけることで洗練された雰囲気を醸し出しています。

つまり、ノーメイクに赤い口紅さえつければ、〝手をかけてる感〟も〝きちんと感〟も〝若々しさ〟も演出できてしまうのです。さらには〝意志のある大人の女性〟にさえ見えてしまいます。

恐れることはありません。赤と言ってもさまざまな赤がありますから、あなたを引き立たせてくれる赤い口紅は必ず存在します。そして、それぞれの年齢や肌に合わせて、色や質感選びを間違えなければ、〝いつでも、いちばん美人〟に見えるのですから、使わない手はありません。

私は50代になってから赤い口紅をつける機会が増えました。ようやく気負うことなく赤い口紅をつけられるようになり、フランスのマダムたちのような〝こなれ感〟を演出するテクニックも覚えたからです。

ダイヤモンドの強い輝きが、シワが深くなればなるほど似合ってくるように、赤い口紅は大人の肌を華やかに彩ってくれます。

たとえダイヤモンドを買うことができなくても、赤い口紅ならほんの数千円で手に入ります。それで新しい自分に出逢うことができるとしたら？


赤い口紅は女性の特権。

赤い口紅は女性のシンボル。

赤い口紅は女性の誇り。

すべての女性は決して目立たないように生きてはいけません！

赤い口紅は、たとえつけない日でもポーチの中に入っていると思えば、女性としていつでもスタンバイＯＫと自信が持てるのです。

プロのヘアメイクでもスタイリストでもない私は、誰にでも当てはまるハウツーを解説することはできませんが、人から見られる歌手という仕事だからこそわかること、自らトライ&エラーをして手に入れた方法や秘訣をみなさんにお伝えすることならできます。

私は、生まれつきの美人ではなかったので、なんとか雰囲気だけでも美人になろうとここまでやってきました。今、56歳。いつの間にかノウハウもたくさんたまってきました。35年の歌手人生で培ってきた「美人に見えるテクニック」もあります。要は「美人に見えればいい」のですから、手抜き美容、やりくりおしゃれのテクニックもご紹介したいと思います。むしろ、手抜きで美人になって、残った時間やお金でもっと自分の好きなことをやったほうが良いと思っているくらいです。

たかが美人。されど美人。美人にはなりたいけれど、それで幸せが保証される訳ではありません。ですから、無理のない範囲で、お金と労力をかけるくらいがちょうどいいのです。

「赤い口紅があればいい」とは、効率的に美人になって人生を楽しむ処世術でもあります。私もずいぶん回り道をしてきたので、余計な苦労をせずに済むよう、美人になれる秘訣をそろそろみなさんにお伝えしたほうがいいと思えてきたのです。

さあ、美人になりましょう。

目次

03

「おしゃれな人」には今からなれる！

04/

メイクのポイントは赤い口紅と目元。

10/

いくつになっても「今がいちばんキレイ」と言えるために。

01

美人の雰囲気は自分でつくる。

器量に自信がなかった私が今は「美人」と言われる理由

まず、私のことを少しお話ししましょう。私は1960年生まれで、今年（2016年）で56歳になりました。

子供の頃から器量が良いほうではありませんでした。早生まれで身体《からだ》が小さく、勉強も運動も苦手でいつも劣等感を抱《いだ》いていました。おまけに極度の人見知りで、学校で一言もしゃべらないこともしばしば。コンプレックスだらけの子供時代でした。

そんな私の唯一の楽しみは、学校から帰って母の鏡台から口紅を拝借し、母のつくってくれたドレスでおしゃれをして、床の間をステージ代わりに歌を歌うことでした。当時、テレビの中でスポットライトを浴びる昭和歌謡のスターを夢見ていました。キレイな衣装を身に纏《まと》い、大好きな歌を歌えるなんて……。「歌手になりたい」と心に決めたのもこの頃です。歌で自分を表現できれば、苦手なおしゃべりもしなくて済むと考えたのです。

そんな私にとって、歌は自分を伝える方法。メイクやおしゃれは夢見るスターに変身できる手段だったのかもしれません。

その後も音楽を諦《あきら》めることなく、バンドを結成してオーディションを受け続け、プロへの足がかりを探していました。実はデビュー前に1年間のOL経験もあるのですが、その頃はタイムカードを5時ちょうどに押し込み、リハーサルスタジオに向かう毎日でした。

ソロデビューは1981年。すでに21歳になっていました。デビュー当時の想い出は、初めてのスタジオ撮影の時にヘアメイクさんに「肌がキレイだからファンデーションは塗らなくていいわね」と言われ、ポイントメイクしかしてもらえなかったこと。今の私なら、たとえ嘘でも言われてみたい言葉ですが、その時は、初めてプロのヘアメイクさんにメイクをしてもらえる貴重な機会だったのでフルメイクをしてもらいたかったのです。そして、カメラマンに「笑顔で！」と何度言われても、どうしてもつくり笑いができなかったこと。私にもそんな初々しい時代があったのです。

時々、ネット上に20代の頃の自分の映像が出てきてドキリとしますが、まだこの頃はメイクもおしゃれも試行錯誤の時代でした。決して美人ではなかったけれど、若さが持つハリのある肌と、未来を信じる心と、内から発せられるエネルギーでキラキラと輝いていたはずです。

１９９０年、ちょうど30歳の時にピチカート・ファイヴの正式メンバーになりました。ピチカート・ファイヴ初期の頃はいちばん痩せていた時期で、コンプレックスだった一重まぶたとぽってり唇はさらに強調されていました。それを、当時の日本でいちばん優秀なヴィジュアルスタッフが、オリジナルの魅力に変えてくれたのです。つけまつ毛を何枚も重ね、大きなウイッグをつけ、派手な衣装に身を包み、口紅の代わりにグリッターを塗って、ぽってり唇をさらに強調しました。そして、みなさんご存じの〝野宮真貴〟というキャラクターが誕生したのです。

当時はピチカート・ファイヴのすべてのヴィジュアルイメージを引き受けていたの

で、ジャケット撮影、ミュージックビデオ撮影の時には一流のヘアメイクやスタイリストと相談しながら、七変化どころか、百変化⁉　さまざまなタイプの女性になれることの楽しさを味わっていました。最後は、タイヤのチューブでつくった衣装まで着こなしました。経験しなかったのはスキンヘッドくらいでしょうか。

そうしておしゃれやメイクのテクニックを身につけていきました。それと同時に、メイクや服が心にも大きく作用することを知りました。

外見を装うことは、私に大きな自信を与えてくれたのです。それは自分の容姿のコンプレックスや不安感を力強く、そして優しく包んでくれる鎧《よろい》のようなものでした。その鎧さえつけていれば、社会となんとか折り合いをつけて生きていける。コンプレックスだらけの私を、他者や世間と繋《つな》いでくれるもの、それがおしゃれをすることだったのです。

私にとっておしゃれやメイクは、楽しみ以上のものなのです。そしてコンプレックスがあったからこそ、知恵とテクニックを総動員してなんとかその時のベストを追求してきました。ですから、いつでも「今がいちばんキレイ」と胸を張って言いたいと思います。

デビューから35年をかけて身につけたおしゃれと美容のテクニックは、デビュー当時から今も声域が変わらない歌と同様に、ひとつの到達だと自負しています。

それでも今、**40代の頃を振り返ると、加齢によって変化していくことへの抵抗が見て取れます。「頑張りすぎじゃない？」と声をかけたいくらいです。**

当時は、「人前に出る職業なんだから」と、目の下のたるみにヒアルロン酸を注入したり、眉間《みけん》のシワにボトックス注射を試したこともあります。施術後すぐは、多少悩みが改善されて気分は晴れるものの、その変化は他人から見たらまったく気づかない程度のものです。数ヶ月もたてば元通りになってしまうのですから、そんな自己満足のために美容クリニックに通うのが虚《むな》しくなりやめてしまいました。そして目元を直せばホウレイ線が目立つといった具合に切りがないのです。

40代というのは「若さ」と「加齢」の狭間《はざま》、いちばん悩ましい年代です。若さになんとかしがみつくことができる時期でもあり、同時に「若づくり」がある種の「痛さ」に見えてくる時期でもあります。丁寧すぎるフルメイク、セットされた巻き髪、ストレートアイロンで伸ばしたツヤのある髪質、ジェルネイルの輝きなど、人工的なものがかえって年齢を浮き彫りにしてしまう……。今ならわかるそんなことも当時の自分にとっては、失っていくものを補うためにするべき当然のこととして、何の疑問もなく時間もお金も気持ちも注ぎ込んでいたのです。肌のハリを保つために、気持ちもピンと張り詰めていたのでしょう。

50代になってからは、歳相応の図々《ずうずう》しさと開き直りも身につき、気持ちのハリを緩めることも覚えました。加齢による変化を受け入れ、プチ整形をやめ（フォトフェイシャルくらいはありかもしれませんが）、その代わりに、髪をカットして、ヘアスタイルを常にアップデイトすることにしました。プロに頼るのは美容クリニックではなく、正直な意見を言ってくれる美容院に変わりました。メイクはあえて完璧を目指さず、目の錯覚効果を狙《ねら》ったテクニックで対処。美しい姿勢をキープし、小ギレイでいること、笑顔をたやさないことで、歳相応の雰囲気《ムード》美人に見えれば良しとしました。

そして何より、美しさは心と身体の健康の上に成り立っていることを50代になって学びました。

頑張りすぎない、ほどほどで良しとする、目標を1ランク下げる、スピードを緩めるなど、50代から先を生きる知恵もついて、とても楽になりました。年齢を重ねるのもなかなか楽しいものです。

私が尊敬する知り合いにとてもエレガントな60代、70代の女性がいます。これからも「今がいちばんキレイ」と言えるために、私は彼女たちから、おしゃれや楽しく生きるための知性を学んでいます。

この世の女性は、すべて〝美人〟と〝美人予備軍〟です

世の中には「美人」と呼ばれる人と、そう呼ばれない人がいます。

そして美人の中にも「リアル美人」と「雰囲気《ムード》美人」がいます。リアル美人とは、生まれつきの美人のことです。雰囲気《ムード》美人とは、決して美人ではないけれど、その人が纏っている〝雰囲気〟（つまりムード）で美しいと感じる人のことです。それは、うまく説明することができない〝気配〟（つまりムード）のようなもの。たとえば表情や仕草、声や言葉遣い、清潔感や空気感、知性や品格といったものから感じとれるものかもしれません。

かくいう私も雰囲気《ムード》美人への道を歩いてきたひとりです。世間では私はどうやら

「美人」のグループに入っているようで、生まれつきのリアル美人ではない自覚がある私としては、どうもバツが悪いのですが、〝いかに美人に見せるか〟をテーマに試行錯誤し、長年培ってきたテクニックが評価されたと思うことにしています。

雰囲気《ムード》美人になるためには、大きく3つのことが必要だと思っています。

1 **外見を良く見せるテクニックを持つこと**（着こなし、ヘアメイクのテクニック）

2 **心身ともに健康であること**（元気で機嫌が良いこと）

3 **個性を大事にすること**（自分が好きなことを大事にする）

リアル美人は羨《うらや》ましいですが、ふとした瞬間に「あの人素敵！」と感じるのは、実は雰囲気《ムード》美人のほうが断然多いのではないでしょうか？　リアル美人は美しいですが、雰囲気《ムード》美人はチャーミングなのですから、女性はリアル美人でなくても、それぞれの魅力を磨き、雰囲気《ムード》美人になればいいのです。

正確に言えば、世の中の女性はリアル美人、雰囲気《ムード》美人と、まだ雰囲気《ムード》をつくり上げられていない「雰囲気《ムード》美人予備軍」の3つに分類できるので、**「美人じゃない女性はいない」**というのが私の持論です。

「誰でも雰囲気《ムード》美人になれる」とは、多くの女性にとって、そして私にとっても希望の言葉なのです。

あなただけの雰囲気《ムード》をつくり上げ、美人になってください。

美人になるのは、〝自由〟になるため！

そもそも私たち女性は、なぜ美人になりたいのでしょうか？

男性にモテるためでしょうか？　ちやほやされたいからでしょうか？

生まれてこの方、男性受けのいい、いわゆる「モテるおしゃれ」をしてこなかった私に言わせれば、「美人になるのは〝自由〟になるため」と断言したいと思います。

会社におしゃれして行くと「おや、今日はデート？」なんて上司の冷やかし。彼が言うべき言葉は「その服、似合いますね」です（日本の男性がもっと素敵になれば、女性はもっと輝くのに！　男性の方々、大人になりましょう）。

男性からの「若いかそうでないか」や「美人かそうでないか」などというジャッジ

メントも失礼な話ですが、40代になればジャッジすらされずに「おばさん」の一言で片付けられてしまうことだってあります。そんな世間の視線に晒《さら》されて、傷ついたり、落ち込んだり、諦めたりする必要はありません。世間や男性たちからの心ない、しかも大抵は深く考えていない言葉に肩身の狭い思いなどせずに、自由に人生を謳歌《おうか》してほしいのです。

大切なのは自分をしっかり肯定すること。自分に自分でイエスを言うことです。でも自分の内面や仕事のスキルに関してはイエスと言えても、外見となるとそう言えないこともあるかもしれません。私も子供の頃からなかなか自分にイエスを言えませんでした。いろいろなおしゃれテクニックと情熱を動員して「雰囲気《ムード》美人」になって、ようやくイエスが言えたのです。そして20代、30代の頃に比べれば遥かに自由になり、人生を楽しんでいます。

女性は、自由になるために美人になるのです。

誰でも美人の種を持っています。それは、容姿だけを言うのではありません。「笑顔美人」「声美人」「キャラ美人」「知性美人」「熱血美人」「エイジレス美人」「潤い美人」「ぽっちゃり美人」「社交美人」「シャイ美人」「骨格美人」……。私のまわりの女性たちを思い浮かべても、それぞれの魅力が見えてきます。本人がそうと気づいていなかったり、コンプレックスと思い込んでいたりするところが、実はチャームポイントであったりします。それを見つけて水を与え続ければ、きっと誰にも似ていない素敵な花が咲きます。

すべてが完璧な美人なんて退屈です。みなさん、それぞれの魅力の花を咲かせましょう！

あなたはもうすでに美人なのです。

40歳を過ぎると、リアル美人と雰囲気《ムード》美人が逆転する

40代ともなると、同窓会のお誘いも多くなってきます。実は、この同窓会でキレイの大逆転を目の当たりにすることが少なくありません。学生時代に、「彼女のために世界は回っているのでは？」と誰もが羨んだ美人が、何十年ぶりかに再会してみれば、キレイもオーラも消滅していて、誰だったのか思い出すのに時間がかかってしまうことすらあります。反対に、学生時代は地味だった少女が、見事に垢抜《あかぬ》けて、幸せオーラを纏い、チャーミングな大人の美人に変身していることもあります。

天使のような赤ちゃん時代、美少女と呼ばれた子供時代、お年頃になればいやでも男性が寄ってくる……、そんな生まれながらの美貌《びぼう》の持ち主が、女友達の中に、ひと

りやふたりいませんでしたか？　それがリアル美人です。同じ女性として生まれたのに、今までの人生で勝ち目はありませんでした。どんなにセンスを磨いても、どんなにメイクが上達してもです。

ところが、人生も折り返し地点を過ぎた今、大逆転のチャンスが訪れました！

ここに来てようやく彼女たちと同じスタートラインに立てたと言ってもいいでしょう。年齢を重ねるのは誰もが平等です。リアル美人も、加齢には抗《あらが》えません。もとの顔立ちがどんなに整っていたとしても、シワやたるみなど、加齢による変化で顔の造形のバランスが微妙に崩れ、リアル美人も〝おばさん〟というカテゴリーにスライドし始めます（リアル美人へのヒガミでしょうか、ちょっと語気が強くなっていますね。すみません）。

彼女たちは、これまでの人生で常に「可愛い」とちやほやされ、その美貌で、さほど手をかけなくても人生が回っていたのですから、その落胆は大きいのではないでしょうか。一方**雰囲気《ムード》美人は、長年キレイを手に入れるためにコツコツと〝自分磨き〟をしてきたのですから、その知恵と努力とテクニックが今こそものを言う時。**巡ってきたビューティフル・シーズンを謳歌できるのです。

リアル美人を自負しているあなたは、決しておごることなく美人道を歩んでください。若さによる美しさが失われていく時、焦ってやみくもにアンチエイジングに走ることなく、おしゃれや自分の好きなことをこれまで以上に追求してみることで、さらに魅力的になれるでしょう。

私が提唱している**雰囲気《ムード》美人の必要条件「外見、健康、個性」は、40歳を過ぎたリアル美人にも必要になってくるのです。**

「大声で話さない」「早口にならない」「若者言葉を使わない」で美人度は上がる

意外に見逃してしまうのが、加齢による〝声〟の変化です。

女性の場合、更年期による女性ホルモンの減少も要因のひとつになります。大きい声が出にくい、声が低くなる、声がかすれるなどの変化で、声に女性らしさが失われていきます。

声の老化には、声帯が関係しています。声帯も筋肉なので、何もしなければ足腰と同じように衰えていきます。声帯の筋トレにいちばん効果的なのは、歌を歌うことだそうです。私は職業柄、そうとは知らずに常に筋トレを続けていたわけです。そのおかげか、デビュー当時（21歳）の曲を、今でも同じキーのままで歌うことができます。

たしかに声だけは実年齢よりも若いと言えるのかもしれません。それでも、デビュー当時の歌を今聞くと明らかに声質が違います。まだ子供っぽさが残る初々しい声なのです。もう二度と同じように歌うことはできませんが、大人になった今の私には、その声質は似合いません（意外にも、メイクやおしゃれの問題と共通していますね。何事も年齢とのマッチングが大切なのです）。

声のアンチエイジングには声帯の筋トレが大事ですが、声の出し方や話し方、言葉遣いを意識するだけで美人度がグッとアップします。

実は、声や話し方から受ける印象はとても大きいので、良い印象を与えられるように自分の声を録音して研究してみましょう。

大人の女性なら、「大声で話さない」「早口にならない」「若者言葉を使わない」の3つに気をつけ、落ち着いたトーンで、言葉は丁寧に発音するように心がけます。滑舌にも気をつけて！　**口角を上げて話すと明るい表情が声に表れるので好感度が上がるでしょう。相手の目を見て心持ちゆっくりと話します。自分のことばかり話すようではいけません。**相手の話の良い聞き手になるのも大事です。そして、**ネガティブな**

話はなるべくしないことです。それから、**本当のことを話すのも大切です。**人は真実を話す時、自然体で堂々としているので身体全体が共鳴し、良い声になると聞いたことがあります。逆に嘘をつく時は身体がこわばって、良い声が出ないそうです。

良い声を出すことを意識すると、相手に好印象を与えることができます。美しい声で美しい言葉を操ることで、美しい人になれるのです。

「声美人」になるのは比較的簡単なので、今からチャレンジしてみるのはいかがですか？

いっそ「キャラ美人」になってみたら？

94歳のファッション・アイコン、アイリス・アプフェルのドキュメンタリー映画「アイリス・アプフェル！　94歳のニューヨーカー」を観て、まだまだ世界には尊敬すべきおしゃれ上級者がいる、と感銘を受けました。そして「おばあちゃんになってもおしゃれを楽しみたい！」と誓いを新たにしたのでした。

アイリスは1921年NY生まれ。50年代からインテリア・デザイナーとして活躍し、夫と設立したテキスタイル会社も大成功を収め、ふたりで世界中を旅しながら人生を謳歌し、生まれ持ったセンスにさらに磨きをかけていきました。

〝ファッション界の珍しい鳥〟というユニークなあだ名を授かるほど、彼女のファッションは大胆で個性的です。オートクチュールから、ヴィンテージ、フリーマーケットで値切って手に入れたチープなドレスやアクセサリーまでもが、彼女のセンスで見事な調和を生むのです。そして、多くの有名デザイナーたちからリスペクトされ、今なお世界のカルチャーシーンに影響を与えています。

彼女のファッションの特徴は、カラフルなアウトフィットに重ねづけしたボリューミーなアクセサリー。そして、何と言ってもトレードマークである、大きな丸メガネ。それはもう彼女の一部になっています。

「そのメガネはいつから?」の質問に彼女はこう答えています。「顔の形に合うなら、メガネが素敵なアクセサリーになり得ると気づいて以来。風変わりなメガネに目がないの」。

そしてこう続けます。「ある人が私に言ったの。〝あなたは決して美人じゃないけど、スタイルがある〟って」。

アイリスは自分が美人ではないことを理解していて、個性的な〝丸メガネ〟をかけることで、美しさを超えたオリジナルのキャラクターをつくり上げたのだと思います。

となれば、「リアル美人」でなければ、「雰囲気《ムード》美人」への道もありますが、いっそのこと「キャラ美人」でいくというのはいかがでしょうか？

加齢による変化に、日々微調整を加えていくのが素敵を保つコツですが、〝地道〟が苦手！　という方は、この際大胆に自分をキャラ化してしまうという手もあります。

リアル美人ではないことにめげず、キャラ化して自分自身も面白がってしまうという大胆な決断です。

これは、**世間一般の美人の尺度から自由になれるという、案外幸せな選択**と言えるかもしれません。

そういえば、〝おしゃれ〟と言われる人にはキャラが立った方が多いことに気づきます。

アイリス・アプフェルを筆頭に、アメリカン・ヴォーグ編集長のアナ・ウインターのおかっぱ頭にサングラス、島田順子さんの巨大な白髪ポンパドール、ソニア・リキエルのソバージュヘアなど。

どうも、メガネ（サングラス含む）とヘアスタイルが、キャラづくりのポイントのようです。

一度会ったら忘れられないほどのインパクトが「キャラ美人」には必要ですので、メガネやヘアスタイルは思いきり個性的にいきましょう。ぽっちゃり体型で明るい性格で、誰にも安心感を与えるというキャラもありますね。

「キャラ美人」はもはや、「美人かそうでないか」や「おしゃれかそうでないか」は問題ではありません。

その存在で、まわりを幸せにして、自分自身も楽しんで生きる究極の美人です。

私も近い将来、そんな境地に至ることができるのではと楽しみにしています。

02

鏡と光を味方につけて
美人に見せる。

鏡を見なければ始まらない

鏡を見る。自分を見る。顔を見る。身体も見る。前を見る。後ろも見る。服を着て見る。裸も見る。メイクして見る。すっぴんも見る。良いところを見る。悪いところも見る。贔屓目《ひいきめ》に見る。客観的に見る。つくり笑いをして見る。平常時の顔も見る。鏡の中の自分を嫌いにならない。鏡の中の自分を好きになる。鏡の中の自分を受け入れる。

すべては鏡を見なければ始まらないのです。

鏡の中の自分は「いちばん厳しく、いちばん優しい、唯一の友人」。そんな友人を見捨ててはいけません。

普段の自分を知るために鏡は各部屋に用意したいもの

鏡

できれば各部屋に鏡を設置しましょう！　**いつでもチラ見で自分をチェック。この〝チラ見〟が意外と重要なのです。**メイクをする時や、洋服のコーディネートで鏡に向かう時は、無意識に「鏡に映る表情」をつくっているものです。無防備な表情をチェックするには、何かのついでにチラ見です。出かける前の慌ただしい準備の最中にチラ見をすれば、眉間にシワが寄った険しい表情の自分に出会ったり、家事が一段落してチラ見すれば「母親が鏡の中に？」とドキリとさせられることも。鏡の中に知らない自分を発見することになりますが、実はこの知らない自分を他人は見ているのです。**鏡の中の自分をチラ見してドキリとしたら、深呼吸をして口角をきゅっと上げていきましょう。**

鏡以外にも各部屋に用意したいものをふたつご紹介します。

バーム

とにかくどこもかしこも乾燥してくるお年頃。各部屋に全身に使える万能バームを常備しておきましょう。**手、爪、肘《ひじ》、顔、首、唇、髪、脚、かかとなど全身のどこでも気になるところに擦り込みます。**テレビを見ながら、仕事の合間に時間を見つけては、丁寧でなくても良いのでとにかく擦り込みます。これを習慣にすればミイラにならなくて済みます。特に手は年齢の出やすいところです。まめに潤いを補うことでツヤが生まれ、指の節のシワや血管の浮きもカモフラージュされます。オーガニックのバームは全身に使えるのでとても重宝します。小さな容器に移し替えてバッグに入れておくと便利です。旅行にもおすすめです。

老眼鏡

遅かれ早かれ老眼は始まります。その時は**もう無駄な抵抗はやめて、老眼鏡を各部屋に準備しましょう。**「メガネ、メガネ……」と探しまわる姿も、新聞を思い切り遠ざけて読む姿もシックではありませんから。そして眉間にシワをつくる原因にもなります。ベッドサイドにはもちろん、キッチンにも常備しておきましょう。なぜなら、料理本のレシピの文字は小さいのです。「大さじ1/2？　それとも1/4？」と目を細めている間に、お鍋の中の料理を焦がさないためにもです。

うぬぼれ鏡で自信をつける

ステージの楽屋や撮影スタジオのメイクルームには、鏡のまわりに小さな電球がぐるりと配置されたハリウッド・ミラーというものがあります。みなさんもきっと映画のワンシーンで見たことがあるでしょう。

別名〝女優ミラー〟というこの鏡を、私は〝うぬぼれ鏡〟と呼んでいます。この鏡は、やわらかい光が全体にまわって顔に影をつくらず、気になるシワやたるみもなかったことにしてくれる大変ありがたいものです。

それに引きかえ、天井に蛍光灯という一般的な洗面所でメイクをする場合、上から落ちる強い光が顔の凹凸を残酷なまでに浮き彫りにし、一気に10歳も老けて見えます。

そんな鏡の中に、寝起きのすっぴんが映っていたら……（悲鳴！）。唯一の良い点は、そのおかげで一瞬で目が覚めることくらいです。

唐突ですが、みなさんはカラオケに行ったことがありますか？　歌う時は必ずマイクにエコーをかけますね。エコーをプラスすると、声に広がりが出て歌がうまくなったように感じます。すると自信が持てるので、のびのびと気持ちよく歌えます。実際、エコーなしで歌った時よりも確実にうまく歌えているものなのです。

メイクをする時もこれを応用しましょう。

鏡とライトの環境を整えて、「うん、今日の私悪くないかも」と自信が持てれば、鏡の中で美しく変身していく様子に気分も上がり、メイクは楽しく美しく仕上がります。

拡大鏡でメイクを美しく仕上げる

メイクを美しく仕上げるためには、うぬぼれ鏡ともうひとつ必要な鏡があります。それは拡大鏡です。

小さな文字が見えにくくなるお年頃を迎えた女性にとっては必需品です。その事実を決して認めたくないからといって無理をすると、メイクが福笑いの失敗作になります。それではとても笑えません。

拡大鏡を利用すると、アイラインやマスカラ、リップラインなどの細かい作業が楽になります。ただし、細かい部分だけを見ていると顔全体のバランスがとれないので、大きな鏡と必ず併用してください。

倍率を上げればキレイも上がるというわけではありません。3倍から5倍のものがいいでしょう。

実は私は12倍の拡大鏡も持っています。これはもう〝ミクロの決死圏〟さながら、普段目に見えないものが映し出されます。これにハマると毛抜きが手放せなくなるという中毒性があるのでほどほどに！

お店での試着には魔法があることをお忘れなく

買い物へ行って、素敵！ と思った洋服を試着すると、姿見には八等身の自分が映っています。

「なんだか着痩せして見えるわ」と心の中でつぶやいているところに、ショップの店員さんの「お似合いですよ～」の言葉。すっかり気を良くして、全身お買い上げなどということがあるものです。

ところが、家に帰って鏡を覗《のぞ》くと、さっきの八等身の自分はどこにも見当たりません。いつもの見慣れた自分がそこにはいるだけです。そうです、魔法は解かれたのです。

お店の姿見は実際よりも細く映ることがあります。ライティングも美しく見えるように調整されています。ですから、鏡に20代の頃のあなたが映っていたとしても不思議ではありません。

それから、試着の時にハイヒールを合わせませんでしたか？　ヒールの威力は絶大です。まず履くだけで背筋が伸びて、ヒール分を差し引いても2センチ身長が伸びます。

ショップでの試着には魔法がかかっているということを覚えておきましょう。

そして、**自宅でコーディネートのチェックをする時は、全身が確認できるように姿見からの距離を確保すること。靴を履いた状態をチェックできるように、足元に小さなマットを敷くなどの工夫をしましょう。**

自分が美人に見える「場所」を知っておきましょう

美人に見えるかどうかは、ひとえにライティングにかかっています。光はあなたの欠点を見事に隠すこともできますし、逆にそれを露呈させてしまう諸刃《もろは》の剣《つるぎ》です。**光を味方につけ、光で得をするために安全地帯のリストをつくりましょう。**とっておきのデートのために、光によって文字通り自分を輝かせてくれる場所をリサーチしておきます。

間接照明やキャンドルライトの雰囲気のあるレストランやバー、晴れた日のゲレンデやスケートリンク、薄暗い水族館や美術館などはあなたを美しく見せてくれる場所です。究極は映画館でしょうか。真っ暗な映画館の中で、スクリーンの光に浮かび上がる横顔は謎めいた印象を演出できます。

「今度の休みに、どこへ行きたい？」と聞かれたら、リストの中から答えればいいのです。

自分に選択権のない場合の対策としては、白いトップスを着て行く、白いコサージュや、パールのネックレス（重ねづけが効果大）をする。レストランでは、膝《ひざ》の上に白いナプキンを大きく広げるなど、白を総動員してレフ板効果を狙いましょう。

美人を損なうNGゾーンに自ら足を踏み入れないで

安全地帯とは逆に、危険な場所に自分からわざわざ飛び込まないことも大事です。

たとえば、古いエレベーターを使う時は素早く「閉」のボタンを押しましょう。レストランではダウンライトの真下の席には決して座らないように。気づかれないように、椅子とりゲームには必ず勝利しましょう。

地下鉄の中では……、寝たふりをするくらいしか今のところ思いつきませんが。

これらの場所で10歳老けて見えるのは、天井から蛍光灯などの強い光を受けることで、顔の陰影が強調され、目の下のクマや頰のたるみなどがより目立ってしまい、青白い光が肌をくすませるからです。

レストランでは、テーブルの上の料理が美味《おい》しそうに見えるライティングが優先されているようです。それはもちろん大切なことですが、ゲストをより美しく見せる工夫をしていただければ、女性は心おきなく料理を楽しむことができるはずです。

それから、おしゃれなバーに多いのですが、お化粧室が暗すぎます。ダウンライトの下ではお化粧直しはできません。顔を天井に向けて、小さなコンパクトの鏡で口紅をひく姿はエレガントとは言えません。マウスウォッシュやあぶらとり紙のサービスはいりませんから、ぜひお化粧室の環境にお金をかけてほしいものです。

最後に、ひとつ覚えておいていただきたいのは、「蛍光灯に虫は集まりますが、良い男は集まらない」ということです。

大人の女性は不用意に蛍光灯には近づかないことです。

03

「おしゃれな人」には今からなれる!

明日から10歳若く見える3つの心がけ

いつまでも若々しく素敵でいたいと願うのなら、おしゃれや美容に気を遣う前に心がけておくべきことがあります。

それは「姿勢」「表情」「清潔感」の3つ。

どれも少しの努力で改善できることです。この3つを制すれば、確実に10歳は若く見えるでしょう。おまけに〝好感度〟も手に入ります。

逆に言えば、この3つを意識しなければ、どんなにメイクが上達しても、ファッションセンスを磨いても、おばさん度は高まります。

姿勢

歳をとると、筋力が衰え、あごが前に出て背中が丸くなります。これが、〝おばさん体型〟です。太りすぎを気にしてダイエットをする前に、まずは姿勢を正しましょう。正しい姿勢になるだけで、身長が2センチ高くなり、ウエストは5センチ細くなります。バストもヒップも上がり、服を何倍にも美しく見せることができます。

正しい姿勢とは、壁を背に立ち、あごを引いて、かかと、ヒップ、肩、後頭部が壁についているような状態です。骨盤は反りすぎないこと、肩はリラックスしてストンと下ろしましょう。横から見ると、耳、肩、下ろした腕が一直線上になっていれば正解です。背中が丸まってきたなと思ったら、姿勢を正す習慣をつけましょう。

最近は、美しい姿勢を保つためのインナーも各種出ていますので利用するのも良いでしょう。身体に適度な緊張感を与えることで、正しい姿勢を意識しやすくなります。美しい姿勢によって、自信を持った魅力的な人に見えます。正しい姿勢が身につくと、周囲の反応も良くなるので、次第に本当の自信がついてくるでしょう。

良い姿勢とは自信の表れなのです。

表情

どんなにメイクが上達しても、暗い表情や、怒っているような表情、寂しげな表情では決して美人には見えません。いつでも口角を上げて、他人と目が合った時は微笑《ほほえ》みを忘れずに。何でもない日常にも小さな楽しみを見つけて笑顔でいたいものです。楽しいことがなければつくり笑いでもOKです。

憧れの女性のひとりであるジェーン・バーキンも言っています。

「Keep smiling-it takes 10 years off！（笑顔を絶やさないこと。そうすれば10歳は若く見えるわ！）」

彼女の若い頃の写真を見ると無表情のものが多いのですが、歳を重ねるに従って笑顔の写真が増えていきます。最近では顔をくしゃくしゃにした満面の笑みを見せてくれます。彼女が来日した際にお会いしましたが、本当に笑顔がチャーミングな方でした。その笑顔でまわりが幸せな気持ちになる、そんなパワーがありました。そして笑顔が心と身体のアンチエイジングにも効果があることを彼女を見て確信しました。

笑顔だけでなく、驚いたり、困ったり、表情がクルクルと変わるのは若々しい証拠です。年齢と共に顔の筋肉も衰えるので、表情は大げさなくらいでちょうどいいのです（その際にできるシワはこの際気にしません！）。雰囲気《ムード》美人への道は豊かな表情から。顔の造形は表情で十分カバーできるものです。

表情の中では笑顔が最強、ということを覚えておきましょう。

清潔感

大人になると清潔を心がけていても、ツヤ感がなくなったり、くすんで見えたりするので、お手入れは欠かせません。年齢のせいで何をするにも億劫《おっくう》になってくるものですが、一生キープすべきものは〝清潔感〟です。無理のないように簡単にできる方法で毎日続けましょう。

眉毛、髪、むだ毛、首、耳、鼻、目、歯、口腔内、肌、手、爪、肘、膝、かかと、デリケートゾーンは？

持ち物はどうでしょうか。バッグの中身は大丈夫？

コンパクトのパフは汚れていない？

靴はきちんと手入れしている？

洋服はさっぱりと洗濯され、アイロンが当てられている？

古ぼけた下着を着ていない？

生地の劣化や色あせは大丈夫？

シワ、シミ、ほつれ、毛玉などのダメージはない？

私のように50代ともなると、これらのケアを怠ると、思った以上にみすぼらしく見えてしまうので定期的にチェックしなければいけません。

清潔感さえあれば好感を持たれます。


「姿勢」「表情」「清潔感」は若々しくあるための、基本中の基本です。そして心と身体の健康の基本でもあります。毎日この3つの基本を心がけて、ほんの少しのおしゃれテクニックを使えば、あなたはきっと見違えることでしょう。

コンプレックスを気にしすぎると不思議な人になる

先日、同世代の女友達と待ち合わせをしました。久しぶりにショッピングをしてお茶でもしましょうと楽しみにしていましたが、笑顔で現れた彼女の出《い》で立ちを見て、私の頭に〝?〟マークが浮かびました。

ワンピースは私が紹介したショップで彼女が気に入って購入した、ジャージ素材のカジュアルだけどきちんと感もある素敵な一着。ベージュとネイビーの太いボーダー柄が彼女の清楚な雰囲気にとても似合っています。膝がちょうど隠れるくらいのスカート丈は大人にはエレガントなシルエットです。ところが、彼女はその下にグレーのシガレットパンツを穿《は》いていたのです。レギンスやタイツならまだわかりますが、トラッドなシガレットパンツを合わせるというのはかなり高度なテクニックです。気心知れた仲なので訊ねてみると、「脚が太いから合わないとわかっているけどワンピースの下にパンツを穿いちゃった」でした。

これでは、コンプレックスの太い脚を見られない代わりに、不思議なコーディネートで注目を浴びるでしょう。

彼女の脚は人様にお見せできないほど太いのか？　と聞かれたら、まったくそんなことはなく極平均的サイズだと思います。

本人が「太い脚を隠さなければ」と気にするあまり、コンプレックスばかりがフォーカスされ、せっかくのおしゃれが残念なものになっていました。

それは、コンプレックスにとらわれすぎて全体のバランスを見ることができなかったからです。

「おしゃれに見える」「素敵に見える」「センスが良く見える」には、バランスがとても重要です。派手すぎず、地味すぎず。やりすぎず、やらなすぎず。程よい塩梅《あんばい》を見極めることができる人が「おしゃれで、素敵で、センスが良い人」なのです。それには、少し引いて自分を客観的に見ることです。俯瞰《ふかん》して見ることで、近すぎて見えなかったものが見えてきます。その習慣を身につけることで、徐々にバランス感覚が養われていくでしょう。

さて、友人と私はというと、すかさず近くのブティックに入り洋服を買うふりをして試着室へ行き、シガレットパンツを脱いでもらいました。それから、脚がほっそり見える靴を探しに行きました。ヒールが苦手な彼女のために選んだのは、高さ5～6センチで安定感のあるウエッジソールのベージュ系の靴です。足長効果バツグンで気にしていた脚の太さはまったく感じさせません。お気に入りのワンピースがスッキリとおしゃれに着こなせました。

コンプレックスは誰しもが持っています。でもこの**コンプレックスに支配されて、妙なコーディネートになってしまったり、さらにはおしゃれを楽しむこと自体を諦めたりするのは残念なことです。**今回の私の友人のように、時に信頼できる友人やプロの方に相談して、コンプレックスを客観的に見つめることも大切です。

この日の私の友人は、着こなしだけでなく、心も軽やかになったようでした。

「着る服がない!?」と思ったら、それはおしゃれへの新しい扉

人生の折り返し地点を過ぎた頃、クローゼットを前にして私は、「着る服がない!?」と叫びました。高校生の時に買ったロックTシャツから、先週衝動買いしたおニューの服まで、長年溜《た》め込んだ洋服がクローゼットに所狭しと押し込まれているにもかかわらずです。

いざという時に必ず登場した勝負ワンピースも、お気に入りで一生着ると誓ったアンサンブルも、ついこの前までは何の疑問もなく着こなしていたのに、何かが微妙に違う……。自分と服との間にギャップを感じて落胆しました。

いつまでも気持ちだけは若いつもりでいるので、自分が認識している自分は、実は

現実よりも若く設定されています。 そして、ダムが決壊するように加齢が浮き彫りになった時、「着る服がない!? ＝似合う服がない!?」と鏡の中に現実の自分を発見して驚愕します。

私の場合、一般の方に比べて現実の自分を発見するのが少々遅かったのかもしれません。仕事柄、スタイリストが持ってきてくれるエキセントリックな服も、プロのヘアメイクやカメラマンの魔法で年齢を超越して着こなすことができるので、現実の自分を錯覚してしまうからです。

しかし、これは悪いことではありません。あなたも私と同じように**「着る服がない!?」と叫んだとしたら、心から「おめでとう」と言いたいのです。** 新しい扉がまたひとつ開いたのですから。半世紀も生きてきて大抵のことは経験してきたけれど、まだ新しい扉があったとは感動です。第二の人生を生きる喜びを感じながら、早速行動を起こしましょう。

クローゼットの中身と現実の自分を見直す良い機会です。この際、**違和感を覚えた服（デザイン、サイズ感、劣化度）は手放す覚悟をして、コーディネート次第ではま**

だ活躍しそうな服を見極めて整理しましょう。残った手持ちの服は、新しい自分のために着こなしを研究して、メンテナンスをします。

私は手持ちの服を新鮮に着こなすアイディアを思いついた時は、ちょっとした幸せを感じます。古い服が蘇《よみがえ》る嬉《うれ》しさと、そのために必要なアクセサリーや靴を新調する楽しみができるからです（やりくり上手は女性が生まれながらにして持つ素敵な能力のひとつです）。

「着る服がない!?」とは、お肌のターンオーバー同様、クローゼットとおしゃれの新陳代謝を考える合図なのです。

「似合わなくなる服」と「似合うようになる服」

私自身が、ここ数年で似合わなくなったと思う服を挙げてみます。すべてがみなさんに当てはまるとは思いませんが、自戒も込め、参考までに書き出してみました。

〈似合わなくなる服〉

丸襟

清楚、少女をイメージさせる丸襟は、その上に乗る顔とのギャップに打ちのめされるだけなので、避けたほうが賢明。とは言ったものの、島田順子さんのスタイルブックを眺めていたら、ご自身がデザインをした白い丸襟のワンピースにハイヒールを合わせて素敵に着こなしていらっしゃいました（しかも膝が見えるミニ丈！）。70代ともなると、少女のような可愛らしさが加わる女性もいるので（私は〝八千草薫効果〟と呼んでいます）、島田順子さんのようにもう一度挑戦できる日が来るかもしれません。

洗いざらしのTシャツ

洗うほどに風合いが出るというのは高級品だけです。すでに風合いが出すぎた年齢の肌にはくたびれた印象を残すだけ。高級品でなければ、着てもいいのは新品かアイロンをかけたものだけです。ジャケットの下に着たり、アクセサリーを合わせたり、きちんと感＆高級感をプラスしましょう。メッセージTシャツや、キャラクターTシャツ、ロックTシャツも要注意！　あえて選んでいるという意図とユーモアが感じられればOKですが、それには少々テクニックが必要です。

ミニスカート

脚に自信があって、網タイツとセットで着こなす心意気があるなら穿いてもかまいません。素足でたるんだ膝を見せびらかしてもいいのはビーチだけです。秋冬に厚手のタイツやニーハイブーツと合わせてみては？

ショートパンツ

子供の頃にホットパンツを穿いたことのある世代は、もう一度穿いてみようなどと思わないことです。得することは何ひとつありません。

ムートンブーツ

サーフィンが趣味で、本来の目的（サーファーが足を温めるため）で履くのなら意味がありますが、大人が街で履いてもあまりシックとは思えません。せっかく大人になったのに、再び〝雪ん子〟に逆戻り？

タンクトップ

いくら暑くてもタンクトップ1枚で外出すると、本人は涼しいかもしれませんが、まわりが冷や汗をかきます。生白い肌と太陽の相性は良いとは言えません。タンクトップからむき出しの二の腕、脇のハミ肉。太めの人にも痩せ気味の人にも難しいアイテムです。家で着るのは自由ですが、年頃の男子をお持ちの方は家でも控えたほうがいいでしょう。女性に対する憧れを奪ってしまう可能性があるからです。

スキニーデニム

下がったヒップや太ももがそのままくっきり他人の目にさらされます。椅子に腰掛けるたびに、デニムのウエスト部分に乗っかる贅肉《ぜいにく》を感じるのは気分の良いものではありません。よほどのマゾヒストでない限り、わざわざ自分で自分を貶《おとし》める必要はありません。スキニーデニムに限ったことではありませんが、大人がピチピチで身体にフィットしたものを身につけると、逆にスキニーから遠ざかることを覚えておきましよう。

ダメージ加工のデニム

もう説明をしなくても、十分おわかりでしょう？

その他にも、〝大人の女性〟に似合わないと思うものは以下の通りです。

黒のタートルネック、パフスリーブ、袖の長いニット、シワ加工、エンパイアライン、Aライン、オーバーオール、カチューシャ、プチネックレス、リボン、ニットキャップ、スーパーハイヒールなどなど。

結論としては、少女っぽい服、カジュアルすぎる服、露出の多い服、頑張りすぎに見える服などが、〝大人の女性〟には「似合わなくなる服」になるようです。

たとえばカジュアルが似合わなくなるのは、素材感も関係しています。ナチュラルな木綿や麻などの生地は、そのマットな質感が、ハリのなくなった肌に残されたかすかなツヤすら吸いとってしまいます。キラキラ光るアクセサリーや光沢のあるシルクのスカーフなどを投入して失ったものを補いましょう。

しかし寂しい話ばかりではありません！　朗報があります！　ここにきていよいよゴージャスなアイテムが似合うようになったのです！

若い頃はギラギラしすぎて、ともすれば品格を疑われることもありましたが、**私たち世代になるとどんなにゴージャスなものでも品良く着こなすことができるのです。毛皮や大ぶりのアクセサリー、赤い口紅も余裕です。**日本では歳を重ねると「控え目に」という意識が働くようですが、おしゃれという観点からは逆に「派手に」が正解です。フランスやイタリアのおしゃれなマダムは必ずゴージャスな物をエレガントに着こなしています。

若い頃は「おしゃれは引き算」と言われたものですが、**これからは「足し算のおしゃれ」を楽しむ時**です。

封印していた「ミニスカート」をもう一度穿くとしたら

2015年9月、私の尊敬する作曲家、村井邦彦さんの古希を祝うコンサートがありました。村井邦彦さんは、1960年代後半のグループ・サウンズ全盛期に作曲家としてデビューし、のちにアルファレコードを設立。ユーミンからYMOまでをデビューさせた人物です。私もアルバムで村井邦彦さん作曲の名曲「或る日突然」をカバーしています。コンサートは、村井さんが手がけた日本の音楽の歴史を彩った歌手やミュージシャンが勢揃《せいぞろ》いした素晴らしいものでした。

そのコンサートで私は、ユーミンを紹介するプレゼンターという大役を仰せつかったのです。

ユーミンこと松任谷由実さんと言えば、作詞家、作曲家としても天才的な方ですが、日本で初めて音楽とファッションを融合させ、ニューミュージックというジャンルを確立した、本当に稀有な才能を持った方です。

その時の私の緊張は言うまでもありませんが、舞台の袖から大御所たちのパフォーマンスを垣間見ることができたのは幸運でした。

出演されているみなさんは、どなたも大先輩ばかり。50代半ばの私がまるで若造の気分です。女性の年齢を言うのは失礼とは思いますが、最年長は78歳の雪村いづみさん。実は、ピチカート・ファイヴのラスト・アルバム『さ・え・ら ジャポン』（2001年）に参加していただいたことがあるので、14年ぶりの再会でした。アルバムでは、デュエットとブックレット用に一緒に撮影もしました。お揃いのドレスを着てポーズをとったのですが、10代の頃からモデルとしても活躍していた雪村さんのポーズには到底かないませんでした。久しぶりにお会いする雪村さんは、70代とは思えない美しさに少女のようなキュートさが加わっていました。そして、私を驚かせたのはオフステージでの彼女の私服です。ショートヘアに、超ミニのワンピース！　網タイツにはゴールドのパンプスを合わせていました。そのお御足《みあし》の美しいこと！

失礼とは思いながら、じっと観察してしまいました。

もうひとつ私を驚かせたのは、プロのシンガーとしての姿です。ステージに一歩踏み出した瞬間に背筋が伸び、リズムも音程も完璧なその歌声に魅《み》せられました。シンガーとしての60年以上のキャリア、そしていくつになってもおしゃれを楽しんでいるその姿勢にたくさんの勇気と希望をいただきました。そして、それこそがいちばんのアンチエイジングであることを確信しました。

実はこのコンサートでお会いした女性アーティストの中に、他にもミニスカートに網タイツがお似合いのふたりの方がいらっしゃいました。ひとりは、60代の松任谷由実さん。そしてもうひとりは50代のコシミハルさん。

それぞれの年代の個性を生かした三人三様のミニスカートの着こなしを見せていただきました。

共通しているのは、「まっすぐ伸びた脚」という自分の持っている美しいパーツを熟知していて、それを上手に演出する術《すべ》を知っていること。そしておしゃれを心から

楽しんでいるということです。あなたも必ず人様に自慢できる美しいパーツを持っているはずです。それを発見して、自分の強みとしてアピールしてみてください。

さて私はというと、前項でも似合わなくなったアイテムとして「ミニスカート」を挙げた通り、ここ数年はステージ以外ではミニスカートを封印しています。今はまだ、もう若くない自分のルックスとミニスカートのバランスをうまくとることができないからです。

でもこの3人の着こなしを見て、そろそろ大人のミニスカートの研究をしてみたくなりました。どうやら網タイツが鍵のようです。

そういえば、「或る日突然」も収録されている2015年にリリースしたアルバム『世界は愛を求めてる。』のジャケットでは、超ミニスカートに網タイツで脚を大胆に出してみました。これは紛れもなく私の脚なのですが、顔はいっさい写っていません。お陰様で、大変好評でした（笑）。

黒タートルが
おしゃれアイテムじゃなくなる時

若い頃は、黒いタートルネックが好きでよく着ていました。身体にピタリとフィットしたニットにミニスカートやジャンパースカートを合わせてツイッギー風に、トレンチコートとベレー帽でパリジェンヌ風に、革ジャンを合わせてロックンローラー風にと着回し力も抜群で、こなれたおしゃれ感が演出できる便利なアイテムだったからです。おまけに、黒のタートルネックは顔の面積を小さくして、誰でも八頭身に見えるという効果もありますから使わない手はありませんでした。

しかし時は流れて、もう若くはない自分には、取り扱い注意のアイテムになってしまいました。**若い頃プラスに働いていたことの多くが、マイナスになるとは予想外で**

した。

身体にフィットしたニットは、リアルな体型を浮き彫りにしてしまいます。もたついた贅肉が手に取るようにわかってしまいます。

タートルネックは年齢の出やすい首まわりをカバーしてくれるという利点はあるのですが、タイトすぎるものは下を向く時に必ず二重あごをつくります。そして黒などダークな色は、シャープではなくなったあごのラインを強調します。

ですからオーバー40にとってのニットは、身体にフィットしすぎないサイズ感が重要です。タートルネックは首の部分に多少余裕があるものを選びましょう。そうすれば、身体のラインも、あごのラインもさほど気にならないでしょう。

その2点を守って、ロングヘアならひとつにまとめて首まわりをすっきりさせ、ゴールドのフープピアスに赤い口紅をつければ、大人の黒タートルがおしゃれに蘇ります。

黒タートル以外にも、Aラインのワンピースやスリムフィットデニムなど、**若い頃にこれさえ着れば〝おしゃれ〟というテッパンのアイテムだったものは、本当に今の**

自分を輝かせてくれるものなのか、時々冷静にチェックをしてください。いつまでもそれが通用すると思い込んでいると痛い目に遭います。

若さにはどんなものでも着こなせる肉体が備わり、大人は似合うものと似合わないものを区別する知恵が備わるものです。そしてその知恵のことを、エレガンスと呼ぶのだと、自戒を込めてお伝えしておきます。

めったに着ない外出着を普段着に。日常にこそ革命を！

〝ワンマイルウェア〟とは、ちょっとそこまで（自宅から1マイル／約1・6キロメートル）の範囲に着て行ける、部屋着と外出着の間のようなものだそうです。

ネットで調べてみると、スエットパンツにロングカーディガン、サルエルパンツにオーバーサイズのTシャツといったラフでカジュアルな服をスニーカーやコンフォートサンダルで着こなしたお嬢さん方の写真がたくさん出てきます。若い方は、気合を入れたおしゃれをして出かける機会も多いので、家にいる時くらいはリラックスした格好でいたい、でもせめて近所のコンビニに行けるくらいカッコ良くないと！　という気持ちから生まれた新しいスタイルなのでしょう。

ここで断言をしておきます。

お嬢さんではなくなった私たちには、ワンマイルウェアはおしゃれどころか、ただのだらしない中年女性にしか見えない可能性が高いので、自宅から0マイルをルールにいたしましょう。ゆるい身体にゆるい服は〝ゆるい〟の相乗効果で、おばさん度が加速します。

気合を入れたおしゃれをする機会もめっきり減って、気づけば部屋着と普段着のローテーションがファッションの中心になっていませんか？

そこで、〝普段着革命！〟です。

ワンマイルウェアは若い人たちのものと割り切って、部屋着というカテゴリーもなくしてしまいましょう。朝起きたら、すぐに寝間着から普段着に着替えます。ここで言う普段着とは、着古したワンピースやおみやげでいただいたTシャツなど、愛着もなく、着ていて楽しくないものは除外します。**ポイントは普段着の格を上げるということ。**スーツやフォーマルウェアなどは別として、今まで外出着として大切にしていた服を普段着として着てしまいます。めったにない気合を入れた外出のためにクローゼットに眠らせておくくらいなら普段着として着たほうが服と自分のためになります。普段の何でもない一日のために、素敵なコーディネートを考えます。アクセサリーや小物も合わせます。常識にとらわれず自由な発想で楽しむことが大事！　そうすれば、手持ちの服が新鮮に蘇るはずです。日々の暮らしの中で自然とおしゃれセンスが磨かれていきます。さらに愛着のある服を普段に着ると、汚れやシワも気になるのですぐにソファに寝転がることもなくなります。

この普段着の格上げは、おしゃれのトレーニングでもあります。人目を気にせず、自由に美しくトライ&エラーを繰り返してください。日常生活でおしゃれできない人は、外出時もおしゃれはできません。それは何のトレーニングもしないスポーツ選手が試合で勝てないのと同じです。

そしてこれは、何でもない日々を丁寧に生活すること、いつも自分を大切にすることに繋がるのです。

格上げされた〝普段着〟は、バッグと靴をよそいきにすれば何マイルだって自信を持って出かけられることでしょう。

クローゼットの「見える化」で服を化石化させない

♪いつも電話が鳴るたびソワソワソワしちゃう　夜はもうすぐ
きっとデートの約束　鏡の前で支度しなくちゃ
だけど私はほら　痩せっぽちだし美人でもない
それに今日はおニューの白いコートが見つからないの
私みたいなタイプにだって悩みはあるのよ
万事快調って訳には行かないみたいね〜

私が90年代に在籍していたピチカート・ファイヴの「万事快調」という歌の一節。

ちょうど30歳の頃に歌っていた曲です。

今では、デートの約束などというロマンチックなシチュエーションは少なくなりましたが、おしゃれな方々が集まるパーティや、大好きなミュージシャンのライヴなど、ソワソワしながらドレスを選ぶことはいまだ少なくありません。大抵は事前に準備をしておくのですが、時に忙しさにかまけて出かける間際になって「着たかったアレがない！」や、「着てみたら何か違う！」とパニックになることもしばしば。

「万事快調」から20年以上たった今も、「白いコートが見つからない」ままです。

クローゼットのジャングルに押し込まれた衣類は、いつしか忘れ去られ日の目を見ることもありません。衣替えの時に、化石化した衣類を発掘して「こんなもの持っていた？」と自分で驚いているのですから、困ったものです。それに拍車をかけているのが、年々ひどくなる物忘れ……。

整理整頓ができない↓見えない↓忘れる↓コーディネートに登場しない↓また買う↓物が増える↓クローゼットに押し込む↓見えない↓忘れる、という恐ろしいループでクローゼットから衣類が溢《あふ》れ出します。

これが冷蔵庫であれば、整理整頓ができない↓見えない↓忘れる↓腐る↓捨てる（結局は無駄にしていますが）、となります。

食べ物は腐るので、諦めがついて捨てることができますが、服は腐らないので捨て時がわからない……。でも、考えてみれば服にも流行という賞味期限があり、くたびれた服や古臭い服は腐っていると考えるべきかもしれません。

クローゼットが混乱していると、目当てのものを探す時間とスペースを無駄にし、理想のコーディネートを完成させることもままならないのですから、おしゃれで損をしてしまいます。

見えないものはないことと同じです！

その対策のひとつとして、クローゼットの「見える化」を目指しましょう。服もアクセサリーもしまい込まずに「一目瞭然」が理想です。靴やバッグは箱から出して並べ、アクセサリーやスカーフは壁に吊《つ》るし、服はたたんで棚に並べるか、ハンガーで吊るすなど工夫をして、どこに何があるか一目でわかるようにします。アクリルの透明ケースを使うのも手ですね。種類別や色別に分けてもいいかもしれません。目から入る情報が多いと、直感的に新しいコーディネートが閃《ひらめ》くチャンスが増えます。時間をかけて少しずつクローゼットを「見える化」していきたいものです。これは整理整頓が苦手な自分自身への課題としています。

それからもうひとつ、ワードローブの管理とコーディネートを忘れないために私が実践していることを、お伝えします。

最近は、ワードローブ管理アプリや、ファッションコーディネートアプリがたくさんあります。私はそのひとつを利用しています。時間のある時に手持ちの服でそのシーズンのコーディネートをある程度つくって写真に収めます。寝坊をした朝やコーディネートに何のアイディアも浮かばない時にとても役立ちます。そして必要なもの、買い足したいものが明確になります。これは、シーズンの初めに完成させておくと良いでしょう。

すべてのアイテムの写真を撮るのは気が遠くなる作業ですが、所有しているファッションアイテムを把握しておくためには必要なことです。それさえ済めば、あとは新しい服や小物を買った時に、その都度写真に収めていけばさほど手間もありません。

私の「見える化」第一弾は、長年、段ボール箱にしまったままだったバービー人形のコレクションと、70年代ヴィンテージのＫＩＳＳ（アメリカのロック・バンド）のフィギュアを階段の踊り場に飾ったことです。これがなんとも楽しいのです。毎日階段を上るたびにたくさんのバービーとＫＩＳＳのメンバーがお出迎えしてくれるのですから。

大切にしている服も、アクセサリーも、趣味の小物も、食器も、見せて使ってナンボ！　なのですね。

私には断捨離の道は程遠いですが、せめて持っているものの「見える化」をして、好きなものに囲まれて生活していきたいものです。

死ぬ時に持っていけるのは想い出だけなのですから、毎日の生活の中で好きなものを着て、好きなものを使って、楽しい想い出をたくさんつくることこそが大事だと思うのです。

時々、懐かしい記憶の引き出しも開けてみる

ファッションの流行が繰り返されるのを、何十年にもわたりこの目で見てきました。若い人には新鮮に映る、昨今の70年代リバイバルもいったい何度経験したでしょうか。リアルタイムでも体験済みですから、新鮮というより懐かしさにしみじみとしてしまいます。70年代に小、中、高校と過ごした私にとっては、最もノスタルジックなファッションだからです。

そのリバイバルのたびに記憶の引き出しをそっと開けて懐かしさに浸ると同時に、手持ちのもので使えるものはないかとクローゼットの引き出しも開けてみます。物持ちの良い私は、当時着ていた服もいくつか手元に残してあります。ロックTシャツや

パッチワークデニム、母から譲り受けたパンタロンスーツやチェーンベルトなどです。ロックTシャツやチェーンベルトは今でもコーディネートのスパイスとして登場することがありますが、さすがにパンタロンスーツやパッチワークデニムは想い出グッズとして箱に詰めて倉庫に預けています。

螺旋《らせん》階段のように繰り返されるファッションの流行。デザイナーがその時代の一部を切り取ってインスパイアされたものを新しいデザインに落とし込んでいくので、一見当時と同じように見えてもサイズ感やシルエットが微妙に違います。リバイバルしたからといって当時の服をそのまま着ると、ただの古い人で終わります。そしていくらファッションがタイムスリップをしても、顔と身体は決してタイムスリップしないことを肝に銘じておきましょう（ただしハロウィンでは、完璧なコスプレとして人気者になるかもしれませんね）。でも、もしもあなたが当時の服を着られる体型をキープしているのなら、それは拍手に値します。

その点小物は体型の変化に関係なく身につけることができるので、今の服に流行のテイストを加えるのに大いに役に立つでしょう。当時のものを後生大事に持っている方はどんどん使いましょう！

記憶は財産です。記憶に断捨離は必要ありません。そして長く生きていればいるほど、その財産は増えていきます。私は、60年代の子供の頃から現在まで、各時代の流行のファッション、自分が着ていた服を鮮明に覚えています。ですから、60年代以降であれば、どの時代のファッションがリバイバルしても、**記憶の引き出しを開けて自分なりのテイストを加えることができます。**それが人とは少し違う着こなしになり、私の個性になっているのかもしれません。

ある研究によるとノスタルジーとは決して後ろ向きなことではなく、過去の素敵な想い出に浸ることによって自分を肯定し、未来に対して楽観的になれるそうです。子供の頃の写真や映像を見ると心が温かくなるのと同じように、おしゃれの記憶も大切にしたいものです。

今の自分のワードローブに、記憶の引き出しを利用して個性を加え、新しい情報を選びとって、あなたらしいおしゃれを楽しんでください。

今の私には、自分の記憶にはない40年代や50年代のファッションが新鮮に感じます。

オードリー・ヘップバーンやグレース・ケリーなど、当時の映画や写真集からヒントを得て、〝クラシカル・エレガント〟などと銘打って、想像力を膨らませながらあれこれとコーディネートするのに喜びを感じています。こうして、記憶の引き出しという素敵な財産が増えていくのは嬉しいことです。これも歳をとるのは悪くないと思えることのひとつです。

パリジェンヌの洋服ダンスみたいなミックスコーデをいつまでも

♪Bon bon Bakabon Bakabon bon～

ボサノバ調のギターにのせて、ウィスパー・ヴォイスのフランス語で歌われると、なんだかとってもおしゃれに聞こえてしまうこの曲は、フランスの歌手クレモンティーヌが歌う〝天才バカボン〟のアニメソングです。きっとCMで耳にした方も多いのではないでしょうか？

彼女は、90年代に渋谷系のアーティストたちのプロデュースでアルバムも出している、言ってみれば〝パリの渋谷系〟シンガーです。

そんなクレモンティーヌに「パリジェンヌのおしゃれ」について質問してみました。

するとお手本は、彼女のママン（あえてフランス語で）、という答えが返ってきました。

ママンの洋服ダンスにはイヴ・サンローラン、ソニア・リキエルといったブランド品とモノプリ（フランスのおしゃれなイオンみたいなもの）の服が混在していて、彼女はブランド品とスーパーの安い服をミックスして着こなすセンスがあったそうです。

パリジェンヌは、〝さりげなさ〟を大事にします。決まりすぎ（イタリアン・ファッション）、気取りすぎ（ブリティッシュ・トラッド）のファッションやオーバーメイクは野暮。自然で、リラックスしていて、でもシックで、その人の個性が光るようなことがパリジェンヌ風のおしゃれなのでしょう。

実は、私もハイブランドのものとチープなものをミックスしたり、古着屋やフリーマーケットで見つけた掘り出し物のアクセサリーをプラスしたりして、コーディネートに自分だけの味を加えるのが大好きです。

私のフリーマーケット好きは、今から遡《さかのぼ》ること30年前。休日にふらりと寄った教会のバザーで憧れのミュージシャン（Ｔｈｅ Ｗｈｏのロジャー・ダルトリー）が着ていたものと同じTシャツを「すべて100円」と書かれたワゴンの中から見つけたことから始まりました。それは、高校生の時に観に行ったロックオペラ「Tommy」の映画のパンフレットの中でロジャーが着ていたもので、日本では未発売のものでした（マニアックな話ですみません）。

他人にとっては何の価値もないものでも、ある人にとっては宝物に値するということが往々にしてあるのです。フリーマーケットは、そんな宝探しの楽しみと、売り手との駆け引きの楽しさがあります。憧れの高級ブランドバッグを買うのとはひと味違う喜びがそこにはあります。そんな中で目利きの力が養われ、そこで選ばれた洋服や小物がその人の個性になっていくのです。

パリジェンヌはおしゃれと言われますが、私がパリで素敵！　と思って振り返ってしまうのはマダムたちばかりです。**日本では若い女性はおしゃれに関心があり、いつも小ギレイに装っていますが、個性的かどうか？　というとちょっと疑問です。そして、日本のマダムたちは歳を重ねるごとにおしゃれを諦めて無難に地味になっていく傾向があると感じています。**

クレモンティーヌのママンの洋服ダンスのように、何歳になっても自分の好きなものや、自分のセンスで選びとった服をミックスして、自分だけのスタイルを楽しむことができたら、毎日がもっと楽しくなるはずです。それがあなただけのおしゃれです。

バービーだったら、どんなふうに老眼鏡をかけるかしら？

「もう若くはない！」という事実を突きつけられたのは数年前のことです。

名刺をいただいたところ、お名前を読むことはできても、役職や肩書き、住所がどうにも読むことができません。ピントを合わせようと腕を伸ばすと頂いた名刺は私からどんどん遠ざかっていきました。もうこれ以上腕が伸ばせないというところまできた時、いよいよ老眼鏡をつくろうと決心しました。

お肌や身体の衰えがゆっくりと忍び寄ってきても、認めたくない気持ちから見て見ぬふりをして深刻にはとらえていませんでしたが、この時ばかりは「もう若くはない！」と認めるしかありませんでした。

２０１５年のライヴで一編の詩を朗読するという演出がありました。私がアンティークの老眼鏡を取り出すと、会場に小さな笑いが起こりました。私がわざわざそのような演出をしたのには理由があります。ひとつは実際に小さな文字を読むのにそれが必要だったから。もうひとつは、**加齢による変化をネガティブにとらえるのではなく、老眼鏡だっておしゃれに使いこなせるというシーンを見ていただきたかったからです。**

この時、私が着ていたバービー人形のような50年代風のステージ衣装には、アンティークの老眼鏡がアクセサリーとしてぴったりでした。

そういえば、バービーは私のひとつ年上ですから、彼女も素敵な老眼鏡を手に入れたでしょうか？　いいえ、彼女は永遠の17歳でしたね。

「上質なもの」は優先順位をつけて揃えていく

「歳を重ねたら上質なものを着なさい」とは、よく耳にする言葉です。肌のハリや髪のツヤ、シワやたるみ、そして体型の変化も引き受けていかなければならない年頃になったら、せめて上質なものを身につけて、それを補い、自信をもらい、格を上げるという理由からでしょう。

たしかに、上質なものは優しくそっと寄り添ってくれる恋人のように、精神的にも安心感を与えてくれます。その上品な輝きや風合いは、もう若くはない身体を引き立ててくれます。

実は、それとは別の理由で、「歳を重ねたら上等なものしか着られない」という切実な問題もあります。更年期による女性ホルモンの変化で、肌が敏感になったり、締め付けられる感覚が不快になったり、ホットフラッシュの不快感から、素材や着心地の良さが重要になるからです。

若い頃はデザインや色が好みであれば平気で着ていたアクリルのセーターは、今ではチクチク痒《かゆ》くてとても着ていられません。でもカシミアなら心も身体もほっとします。ポリエステルのワンピースも暑くて着られないことがありますが、シルクなら皮膚呼吸ができます。安物のジャケットは仕立てが悪くて腕が上がりませんが、上質なジャケットは体型をカバーして背筋を伸ばしてくれます。

とはいえ、**すべてを上質な高級品で揃えるというのは現実的ではありません。**お財布と相談し優先順位をつけて、ひとつずつ揃えていくのが賢明です。実は、おしゃれのためにはそれが好都合なのです。**何でも買える財力がないからこそ、あれこれ工夫をすることによってセンスが磨かれていくからです。これは負け惜しみではなく、おしゃれ以外にもお金を使って人生をもっと楽しむための大切な金銭哲学です。**

今は、安くて流行の服が簡単に手に入ります。たとえばファスト・ファッションのアイテムをそうとは見せないで上手に取り入れていると、「おしゃれ」と一目置かれるような時代です。そのためには、あえて誰が見てもわかる上質なものを組み合わせるのがポイントです。

年に数回しか登場しない一張羅に大枚をはたくのはやめて、日常使いの使用頻度の高いものこそ上質なものにします。たとえば直接肌に触れるセーターや、デザインも履き心地も良い靴などです。私の場合は、グッチのホースビットローファーがそのひとつです。これまでに何足も買い替えていますが、いつも下駄箱の中に待機しています。そして良いコートを一着。バッグやアクセサリーは本物と遊びのものを使い分けます。

ただし、いくら上質なものでも流行のシルエットは変化していくこと、着込むほどに劣化していくことを頭に入れて、定期的にチェックをし、必要に応じて買い替えましょう。

それがいつしか定番になり、あなたのスタイルが完成されていくのです。

「コートだけは良いものを」が意味すること

上質なものやブランドものを着てさえいればおしゃれなのかといえば、決してそうとは言えませんが、上等なものを身につけることでさまざまな場面で優遇されることがあります。

特に海外へ行った時に、それを感じます。

海外へ行ったら、パスポートとその人の服装や持ち物だけが、身分を証明する手がかりです。本人の立ち居振る舞いはもちろんですが、旅行かばんやスーツケースが持ち主の素性を物語ってしまうこともあるのです。持ち物によって当然扱いやサービスも変わってきます。

「コートだけは、良いものをひとつ買っておきなさい」

以前、イタリアに住む年上の女友達から言われたことです。

海外のレストランでは、大抵入り口付近にクロークがあって、コートや手荷物を預かってくれます。それからテーブルへ案内してもらうという段取りですが、**良いテーブルに着けるかどうかは、そのコートの良し悪しもポイントになるというのです。**

その人の装いが場にふさわしいものか、お店に対しての敬意を感じられるかが判断されるということなのでしょう。カシミアなどの高級素材や上品なデザインのもの、ブランドのネームタグも威力を発揮します。

旅先では、できるだけ「素敵な思い」をしたいですよね？　もっと下世話に言うならば、できるだけ「得」をしたい。レストランで良い席に案内されたり、ホテルから良いサービスを受けたり。

そのためにも「装い」は大切だと思うのです。すべてが上等でブランドものである必要はまったくありませんが、その場にふさわしい装いができるかどうかは大切です。**装いは敬意の表れでもある**ので、相手はそれにきっと応《こた》えてくれるはずです。

お別れの儀式に心を込めて〝おしゃれ〟をします

半世紀も生きてきますと、寂しいことに結婚式にお呼ばれする機会よりも、お別れの会のお知らせが届くことのほうが多くなってきます。

おめでたいことは、事前に通知が来るものなので、当日に何を着ていこうかと考える余裕がありますが、別れは突然やってくるので、取る物もとりあえずということになります。

できることなら登場してほしくない喪服ですが、年に一度は点検をしておかないと、いざという時に慌てることになります。すっかり流行遅れのシルエットになっていたり、体型の変化で、サイズが合わなくなっている可能性もあります。

近しい方が亡くなった場合は、おしゃれをする余裕などまったくないでしょう。だからこそ、喪服であっても自分らしいものを、いざという時のために準備しておくことは大切です。

悲しみの席で、〝おしゃれをする〟のは不謹慎でしょうか？　〝おしゃれをする〟という表現は適切ではないかもしれませんが、礼儀を尽くした身だしなみとして、喪服であっても素敵に装いたいと思うのです。

デパートのブラックフォーマルのコーナーでは、なかなか気に入ったものが見つからないという人は（私もそうです）、日頃からご贔屓のブランドなどで、冠婚葬祭に通用する素敵な黒のアンサンブルを探しておきましょう。

若い頃はお金もなかったので、突然の悲しみの席にはクローゼットを見回し、とりあえずきちんと感のある黒い服、靴、バッグをピックアップして参列していました。でも、それが許されるのは20代まで。30代になったら、一着は喪服を用意しておくことをおすすめします。

私は、親戚や会社関係などの葬儀は礼儀として正式な喪服を着用しますが、親しかった友人や、ファッション業界、音楽業界の方の告別式などには、その方を偲んで、あえて喪服ではない黒い服に想いを込めてコーディネートをして行くことがあります。たとえば洋服のデザイナーであれば、その方がデザインをした黒い服を着て参列したいと思います。赤い口紅がトレードマークだったシンガーのお別れ会には、あえて赤い口紅をつけて参列しました。大好きだった世界的なモデルがお亡くなりになった時は、50年代風の黒のアンサンブルにベール付きのトーク帽とレースの手袋で参列しました。なぜなら、それが私の故人に対する想いであり、故人もきっと喜んでくれるに違いないと考えたからです（一般的にはマナー違反ですので、ご遺族への配慮は必要です）。

私にもいつかそんな日が来ると思いますが、その時はドレスコードを「ブラックにこだわらず、あなたのいちばん好きな服装で」として、みなさんにとびきりおしゃれをして参列していただけたら、こんな嬉しいことはありません。私は大好きな「お寿司とシャンパン」をご用意してお待ちしています。

04

メイクのポイントは赤い口紅と目元。

眉はいちばん大事なメイクの場所

「眉」は顔の印象を左右する重要なパーツです。**「眉を制する者は、美を制する」は本当です。**眉を変えるだけで見違えるほど美人になるのに、実際には眉で損をしている人は多いのです。眉メイクに力を入れすぎてわざとらしくなったり、逆にナチュラル志向を理由に何も手入れをしないのも美しい大人の眉とは言えません。その間をいく絶妙なバランスが理想なので難しいのです。

眉は最も流行が反映されるパーツでもあります。ファッションの世界では、流行によってスカート丈が、短くなったり長くなったりしますが、同じように眉も細くなったり太くなったりと変化してきました。

50年代はオードリー・ヘップバーンのような角度のある濃い太眉。60年代はツイッギーのようにダブルラインや描きまつ毛といったアイメイクがポイントだったので、眉は細く存在感が薄れました。70年代になるとヒッピーやフラワーチルドレンの影響でファッションもメイクもナチュラルになり、眉も自然のままが美しいとされました。80年代は男女雇用機会均等法やバブルのせいで、意志のある濃くて凛々《りり》しい太眉へ。90年代はスーパーモデルブーム、コギャルメイクの影響で細眉が流行。2000年代になると、マスカラやつけまつ毛が欠かせないアイメイクが主流となり、眉は脱色をして存在を消しました。2010年代はふんわり太眉、アイドルブームの影響で守ってあげたい！　という男心をくすぐる困り眉へ。そして、2016年のトレンドは太めの平行眉だそうです。

ざっと振り返っても、眉の流行はこれほど変化してきたのです。

御多分にもれず、私の眉もそれなりに流行の波に乗り、時代と共に太くなったり細くなったりしてきましたが、さすがに困り眉だけはパスしました。ティーンエイジャーだったらトライしていたはずですが、すべてが下垂していく今、わざわざ顔に下降線を取り入れるのは危険だからです。それにもう男性に守ってもらわなくても十分生きていけますし、男心をくすぐるのなら別の手段を使います（笑）。

とはいえ眉がなければきっとすべての男性は逃げていってしまうでしょう。いくら強がってもそれではあまりに寂しいので〝へ〟の字でも〝ハ〟の字でもとにかく何か目の上に描かなくてはなりません。せっかくなら自分の顔にマッチし、流行のエッセンスも取り入れて現役感を出したいものです。

「言うのは簡単。それができれば苦労しない」という声が聞こえてきそうなのでお答えします。**正しい眉ケアについては、やはり一度プロにお任せしてみることです。**最近は眉専門のサロンもありますから、自己流で失敗をして落ち込んだり、眉ケアグッズを購入したものの使いこなせず無駄にするより、ここはプロに指南していただきましょう。眉だけは、どんなに客観的に見ているつもりでも、思い込みから抜け出すのが難しいパーツだからです。プロの力によって理想の眉を手に入れることができれば、見違えるほどの美人になります。**ヘアカットやヘアダイ、脱毛、そして眉ケア、〝毛〟にまつわる美容はプロに委《ゆだ》ねるのが賢明です。**

角度は45°。若々しく見せる、目元のつくり方

オードリー・ヘップバーンやブリジット・バルドー、グレース・ケリーにソフィア・ローレン。50年代の女優のようなアイラインに憧れたことはありませんか？目尻をピンとはね上げたキャットラインは、憧れで終わらせず、今こそ挑戦する時です。

「年齢を重ねるとすべてが下がる」。これは重力の法則なのですから、受け入れるしかありませんが、「受け入れる」のであって「諦める」のではありません。

「下がったのなら上げれば良い」のです。それが物理的に無理だとしても、目の錯覚でもトリックでも使えるものは何でも使いましょう。**ちょっとしたメイクのワザで印**

象が変わるのなら、整形にお金とリスクをかけるよりも、ずっと安上がりで簡単で安心です。

加齢による顔のパーツや肌の変化は、女性にとっては目をそらすわけにはいかない事実です。特に目元の悩みはさまざまです。「目尻が下がった」「なんだか昔よりも目が小さくなったような気がする」「まぶたが重くなった」等々。これらを若々しい印象に変えるには、パーツをくっきり見せることが大切です。そのためにもアイラインは有効です。**目が強調されることで、目のまわりのシワや影も目立たなくなります。**

キャットラインは、本来30°の角度が上品な仕上がりなのですが、まぶたが下がってくると、30°を想定して描いたつもりでも、目を開けて鏡で確認するとラインが思ったように上向きになっていなかったり、ともすると弛《たる》んだまぶたがラインを隠してしまうことさえあります。その解決法は、目を開けた状態でアイラインを引けるようになることです。そして思い切ってラインの角度を30°から45°に上げてみます。少々大胆に思いますが、それでようやく仕上がりが30°くらいに落ち着きます。上手に引けたキャットラインで、50年代の女優を気取ってもいいでしょう。何よりも目元がくっきりして若々しい印象になります。目は顔の中でいちばん強い印象をあたえるパーツなので、上手にアイラインを引いて、得をしてください。

合い言葉は「角度は45°!」です。

目は口ほどにものを言う。まつ毛に手間を

目元のキャットラインをマスターしたなら、次はまつ毛です。

まずは、まつ毛をビューラーでカールし、マスカラを塗ります。ここまでは通常の工程ですが、実はマスカラをつけないという女性は意外にも多いものです。彼女たちは決まって、「マスカラをつけると、いかにもメイクしましたという印象になるのがイヤ」と言います。

ナチュラル志向は結構ですが、**顔のパーツのすべてが下降線を描く年頃になったら、せめてまつ毛だけでも上向きにしませんか？** お姑さんの小言のように何度も繰り返しますが、「下がったら上げる」が鉄則です。

最初は見慣れない自分の顔にとまどうかもしれませんが、徐々に目が慣れてくるのと同時に、まわりから「キレイになったね」という台詞《せりふ》が聞こえてくるでしょう。

逆に若い頃は「マスカラ命！」と、ひじきのようになるまで、せっせと重ねづけをした経験をお持ちの方も多いと思います。私もそのひとりでした。でも大人のまつ毛がひじきでは品格を疑われてしまいます。

そんな時は、マスカラと格闘するよりも、手軽なつけまつ毛を使いましょう。最近は驚くほどさまざまなつけまつ毛が手頃な値段で売られています。つけまつ毛を若い子のものと敬遠しないで、上手に味方にしてしまいましょう。実際に使ってみると、つけまつ毛は若い子よりも大人にこそ必要なものと確信するはずです。

おすすめは、目尻用の小さなサイズのものです。まつ毛の目尻の部分だけ、実際の目の際《きわ》より2ミリほど上に接着させることで、下がった目尻を水平よりやや上向きに見せることができます。さらに、年齢により落ちてきたまぶたを持ち上げる効果もあります。接着した上からリキッドアイライナーで補正するとナチュラルに仕上がります。

人は目を見て会話をするので、目元の印象がいちばん残ります。目元に視線を集めることによって、他のパーツは案外ごまかしがきくので、目元はきちんとメイクするよう心がけましょう。**大人のナチュラルメイクは、自然のまま手をかけないのではなく、手をかけることでナチュラル感を演出できると考えましょう。**

何歳になっても似合うピンクがあります！

デビューアルバムのタイトルは『ピンクの心』でした。実に35年も前の話です。レコードジャケット（当時はＬＰレコード）の写真は、当時流行《はや》っていたフューシャピンクの口紅にチーク。ヘアは刈り上げのショートカットでした。衣装は、白いビニール素材のブルマに、ピンクのタイツとヘアバンド。そして、ピンクのグラデーションの壁の前でポーズをとっています。

今見ると苦笑するしかない、80年代センスのジャケットです。

当時のプロフィールの「好きな色」は、もちろん「ピンク」でした。

90年にピチカート・ファイヴの3代目ヴォーカリストになってからは、60年代のスタイルをすることが多かったので、メイクもダブルラインにつけまつ毛、ベビーピンクの口紅がその頃の定番でした。すでに30代に突入していましたが、私のテーマカラーはピンクだと信じていました。

ところが、40代になるとピンクの口紅が似合わなくなりました。なんだか若づくりのように見えて、顔色も悪く映ります。

その原因は、ゆっくりと、でも確実に忍び寄る年齢による変化であることは間違いありません。

先日、イベントで初の司会のお仕事をしました。グラミー賞のパーティのようなゴージャスなドレスで登壇してください、とのリクエストでした。

イベントのテーマカラーがブルーだったので、ステージのセットもすべてブルーです。そこで、ブルーに映えるようにとピンクのドレスを選びました。ワンショルダーで大きなフリルのついた80年代のデザインです。ドレスに合わせて、当時流行ったソバージュヘアをメイクさんがつくってくれました。

初めての司会者という大役に、ヘアメイク中は台本に首っ引き。鏡を見るヒマもありません。そうこうしているうちに、開演の時間となりスタッフからスタンバイの呼び出しがかかりました。

さて本番に向かおうと、ヘアメイクが終わった自分を見て目を疑いました。鏡の中には、芸能界のおしどり夫婦、林家ペー&パー子さんの、パー子さんが映っていたのですから。思わずペーさんを探してしまったくらいです。

この一件で、もうピンクは似合わないと思い知ったわけです。私は、年齢による変化によって大好きだったピンクに見放されたのです。ピンクに失恋です。

とはいえ、そんなことで諦める私ではありません。こんな時こそ、大人の知性を駆使するのです。

実は、色にはトーンというものがあり、同じピンクでも青味がかったピンクやオレンジがかったコーラルピンクなどたくさんの種類のピンクがあるのですから、**どんな人にも必ず似合うピンクがあるのです**。その人が持っている肌の色や、年齢に見合った色が必ずあるのですから、神様は見放したりしません。

そこで私は早速新たなピンクに挑戦しました。選んだのはフューシャピンクのコートです。あえて強いピンクを持ってくることで、加齢によるくすみをカモフラージュして、色による効果で気持ちを前向きにすることを狙ったカラーチョイスです。黒やグレーなどのダークな色味が多い冬の街に、鮮やかなピンクが映えて心はウキウキです。

ピンクに一喜一憂した私ですが、このウキウキする気分があれば、似合うか似合わないかは二の次でもいいと思えてきました。

私は、今またピンクを楽しんで着ています。

〝赤〟こそ大人の女性が使いこなすべき色

ピンクと新しい関係を築いた私ですが、そんな抵抗などせずにピンクはさっさと若い子に譲って、代わりに〝赤〟を取り入れるというのも、大人の女性には賢明な選択かもしれません。〝赤〟という色は、どんな女性も華やかに彩ってくれる色だと信じています。特に年齢を重ねた女性にこそ使いこなしてほしい色です。

前述したように、私自身40歳を過ぎた頃から、ピンクの口紅が似合わなくなりました。かと言って90年代に流行ったヌーディーカラーをつければ、「顔色悪いけど、大丈夫？」と会う人ごとに言われてしまう始末。

そこで50代になってからは潔く赤い口紅にシフトしました。「赤い口紅＝大人の女性のエレガンス」は、私がフランスのマダムから学んだことのひとつです。ヘアはさりげなくまとめ、肌はシミやソバカスをコンシーラーでカバーしてパウダーを重ね、眉を整えたら赤い口紅をつける。それだけで、洗練された大人の女性に見えます（ポイントは、すべてを整えすぎないこと！）。

赤い口紅が顔を明るく華やかに見せてくれるのですから、〝赤〟は頼もしい味方です。

赤い口紅は未体験でも、赤いマニキュアを試したことのある方ならわかると思いますが、爪に赤をのせるだけで、手の表情ががらりと変わります。赤とのコントラストで指は文字通り白魚のように、そして指の節やシワも不思議なくらい目立たなくなります。これを顔にも応用するのです。

顔と手では大違いですか？　口元ばかりが目立ってしまうと心配ですか？　でも考えてもみてください、これまでの人生、すべてのことは〝初めて〟でした。それをひとつひとつチャレンジしてきて、今のあなたがいます。

人生はまだまだ続きます。**老いるのではありません。成熟するのです。こんなワク**

ワクするチャレンジがまだ残っているなんて幸せなことです。誰に遠慮をすることなくどんどんチャレンジして、大人の女性を謳歌してください。

赤い口紅は、毎日つける必要はありません。リラックスしている時はリップクリームだけでも十分ですし、昼間の時間帯ならコーラルやオレンジ系でもフレッシュで素敵です。赤い口紅は、ここぞ！　という時――あなたが女性としての存在感を示したい時――に登場させればいいのです。ただしハイヒールを履くよりもずっと楽なので、月に一度と言わず、週に一度くらいはトライしてください。特に夜のお出かけや、お食事会などにはぜひ！

それから、いきなり発色の良い赤い口紅では難度が高いという方は、シアーな口紅から始めましょう。年齢を重ねた女性の唇は、縦ジワが目立ったり、輪郭も曖昧になるものですが、シアーなタイプなら油分が多いので、リップクリーム感覚で直接唇に塗っても大丈夫です。重ねづけすれば色もよく出てきますので、好みの色に調整しながらつけられます。

そして大事なのは、**自分の目を〝赤い口紅をつけたエレガントな私〟に慣らしてい**

くこと。慣れてきたら、発色の良い赤い口紅にトライすればいいでしょう。発色の良い口紅の場合、リップライナーまたは、口紅を筆にとって輪郭をきちんと描いてから塗りましょう。笑った時に歯に口紅がついていたら幻滅です。その対処法としては、人差し指をくわえて引き抜きます（決して人には見られないように……）。余分な口紅が指についてくるので歯につく心配がなくなります。これは、ドラァグクイーン（女装家）の友人から教えてもらった裏ワザです。もうひとつ、ヘアメイクさんから盗んだ裏ワザは、2枚重なったティッシュを1枚剝がして唇に貼り付け、ルーセント・パウダーをパフで叩き込み、その上からもう一度口紅を塗ります。これで、口紅の持ちが格段に良くなります。

〝赤〟と一言で言っても実にさまざまな赤があります。20年代のフラッパーガールが気分なら、ブラウン系の赤。50年代のハリウッド女優を気どるなら、朱色がかったクラッシック・レッド。カジュアルな装いには、ラズベリーのような赤を唇に咲かせて楽しみましょう！　赤い口紅＝フォーマルと考えず、カジュアルな装いに合わせるのも、大人のおしゃれの醍醐味《だいごみ》です。

赤い口紅と健康の関係についてお話ししましょう

最近の私のプロフィールには、「シンガー・フィトテラピスト」と肩書きを入れています。フィトテラピーというのはご存じですか？「PHYTO＝植物」＋「THERAPIE＝療法」という意味で、植物の薬理効果を使った自然療法のことです。風邪の時に飲む葛根湯など漢方も植物療法の一種です。フィトテラピストは、その処方をアドバイスする専門家と言えばいいでしょうか。

普段ハーブティーを飲む時に、リラックス＝カモミール、リフレッシュ＝ミントティーといったように、効能を知った上で選んでいると思いますが、フィトテラピーでは、もう一歩踏み込んで専門的な知識を学び、症状に合わせてハーブをミックスして煎じて飲んだり、エッセンシャルオイルを使ったマッサージで経皮吸収させせたり、香りによる精神面のサポートをしたりします。

「飲む、塗る、嗅《か》ぐ」がフィトテラピーの基本。ヨーロッパでは古くから植物の持つ薬理効果を使って、人が本来持っている自然治癒力を高めて、体の不調や皮膚のトラブルを解消したり、予防に役立てたりしています。

昔は、人々は自然の中に暮らし、その豊かな土地が育む植物に囲まれ、心や身体を癒していたのですが、現代の私たちの暮らしには自然も少なく、心や身体にたくさんのストレスを抱えた人を増やしています。昨今、オーガニックがブームになっているように、心身のストレス軽減のために、ハーブティーや植物のエッセンスが詰まったエッセンシャルオイルをつくり出して生活の中で使うようになっているのです。

私は、仕事と家庭の両立で余裕がなかった30代を経て、40代で弾けたようにパーティ三昧の日々を送るように（笑）。お酒もタバコも夜更かしもしていたので、オーガニックや健康とは程遠い生活でした。

50代にさしかかり更年期を迎えるにあたり、何か自然な療法で身体の不調を改善して、その時期を軽やかに過ごしたいと思ったことがフィトテラピーを学ぶきっかけでした。

そして日本でフィトテラピーの第一人者といわれる森田敦子先生のスクールのメディカルコースに1年半間通い、パリ研修にも参加してディプロマ（卒業証明書）をいただきました。それで「シンガー・フィトテラピスト（植物療法士）」なのです。

ちなみに更年期に良いのは「チェストベリー」という植物です。この植物は女性ホルモンのひとつであるプロゲステロンの分泌を促すので、これをハーブティーとして飲むことで自然な形で更年期に減少するプロゲステロンを補充してくれます。更年期特有のホットフラッシュが軽くなったことを私自身実感しています。

日常的には家族の日々の健康維持にフィトテラピーを活用しています。例えば、風邪の初期症状には、エキナセアのハーブティー。息子の思春期ニキビには、抗菌作用のあるラベンダーやティートリーのエッセンシャルオイルを使った手づくりローションや石鹸で改善。マラソンが趣味の夫の筋肉痛には、ウインターグリーンのエッセンシャルオイルでマッサージ。といった具合に、フィトテラピーを始めてから私の家族は病院へ行くことがほとんどなくなりました。そういえば息子のためにつくったニキビ用ローションとソープが大評判。口コミで息子の友達からも注文が入りました！

「野宮真貴特製！　ニキビ用フィト・ローション＆ソープ！」

張り切ってつくりました。みんな思春期ニキビに悩んでいるので、お役に立てて嬉しいです。

私自身もライヴ前の緊張を和らげるためにいくつかのエッセンシャルオイルをブレンドして、楽屋で香りを焚いて緊張を鎮めています。

未病が健康の基本ですから、フィトテラピーの知識がなかなか役に立つのです。

フィトテラピーを学んで良かったことは、知識だけでなく「自分の身体の声を聞くこと」が身についたことです。無理していないか、栄養の偏りはないか、吸収と排泄のバランスは良いか、自分だけでなく家族の体調はどうかなど、日常的に考えるようになりました。若い時は免疫力も回復力も高いので多少の無理はききますが、年齢を重ねるとその力が衰えていきます。暴飲暴食を避け、自分の身体の状態を知り、適切にケアすることが必要となってきます。その「知性」がフィトテラピーだと思っています。

私は健康オタクではありませんが、「人生を楽しむために健康でありたい」と思っています。私にはハイヒールも赤い口紅も必要です。このふたつは気分を上げてくれるものですから。でも身体が健康でなければヒールを颯爽《さっそう》とカッコ良く履くこともできませんし、心が健康でないと赤い口紅をつけてみようという気持ちにもなれません。

「健やかで、美しく、楽しい人生」が理想です。

私が2015年にプロデュースした口紅「サプリルージュ」のコンセプトは、フィトテラピーを応用し、ビタミンやハーブを調合した「塗るたびに健康に、美しくなる赤い口紅」です。

「健やかで、美しく、楽しい人生」

女性がこの口紅をつけるたびに、フィトテラピスト野宮真貴からのメッセージを感じてほしいと思っています。

女にもいろいろいるように、赤にもいろいろあるのです

ジェーン・スーさんのエッセイ集『女の甲冑、着たり脱いだり毎日が戦なり。』はお読みになりましたか？　個人的にはナンシー関さん以来の〝ツボ〟にハマるコラムニストです。その饒舌《じょうぜつ》さ、ユーモア、分析力もさることながら、女として決して諦めない「不屈の精神」で「世間の女の基準」に挑み、勝ったり負けたり、日々一喜一憂している自分の姿がチャーミングに描かれています。女として決して諦めない、というところが彼女のいちばん素敵なところです（諦めた人は、負けもしないけれど、勝ちもしないですからね）。

実はこの本の中に「赤い口紅」というタイトルで、私のプロデュースした「サプリ

ルージュ」のことが書かれていて驚きました。

「『赤といえば金赤一色！』と視野狭窄《きょうさく》に陥り、広い選択肢には目もくれず勝手に落ち込んでいたのは私。『こんな唇をしていたら笑われる』と自意識過剰に囚《とら》われていたのも私。思い込みのストッパーを外し、似合う色を見つけるまで柔軟に対応し、そして慣れるまでつける。（中略）ありがとう東の横綱！（解説：私はどうやら『赤い口紅界』の東の横綱らしい。ちなみに『西の横綱』は今井美樹さん）女にもいろいろいるように、赤にもいろいろあるんですね」

そうなんです、ジェーン・スーさんの言う通りです。

赤にもいろいろあって、似合う赤を見つければいいんです。

そして、**似合う色を探すことが「おしゃれをすること」です。似合う色を見つけた人が「おしゃれな人」と呼ばれるのです。**それに気づいてもらいたくて口紅をつくったのですから、どうぞあなたに似合う赤を見つけてください。

そして、私が口紅をプロデュースしたかったもうひとつの理由は、フィトテラピストとして身体に優しい口紅が欲しいと常々思っていたからです。

「女性は一生に7本の口紅を食べている！」という説があります。3歳の七五三で初めての口紅を体験してから、年頃になって毎日口紅をひくようになり、人生最後の瞬間まで、女性は一生に7本の口紅を食べているというのです。食事の時などに、知らず知らずのうち体内に入り込んでいるのですから、まんざら嘘でもなさそうです。

一般的な口紅には、石油が原料のタール色素や酸化防止剤が使われていることが多く、発がん性の報告もあります。そのことがずっと気になってオーガニックでモードに使える口紅を探していました。でもオーガニック化粧品は発色が弱いということもあって、なかなか理想的なものを見つけられずにいました。

そんな時に出逢ったのが、ＭｉＭＣというオーガニック・コスメ・ブランドです。開発者で代表の北島　寿《ことぶき》さんとお会いする機会をいただいて、いろいろとお話をしていくうちに意気投合して「オーガニックでモードな赤い口紅を開発しましょう！」ということになりました。何度もミーティングを重ね、サンプルをつくって実際に試して、とうとうオーガニックでここまで発色する！　という赤い口紅が出来上がりました。

オーガニックなので、身体に入っても安全なのはもちろん、発想を逆手にとって、ビタミンA、C、Eやオリーブ・オイルの他に、フィトテラピーの知識を生かして女性ホルモンに似た働きをする植物プエラリアミリフィカといった、身体に入ると嬉しい成分を配合しました。そして「サプリメント+ルージュ」の発想で、塗るほどに美しくなるというコンセプトの「サプリルージュ」が誕生しました。

軽いつけ心地なのでダイレクトに唇に塗っても美しく仕上がります。重ねづけすると、みるみる発色してモードな顔に仕上げてくれます。マットな質感で悪目立ちすることもありません。

色は、「PARIS RED」と「TOKYO RED」。この2色の赤い口紅によって、ジェーン・スーさんをはじめ、赤い口紅を楽しめるようになったという声をたくさん聞くようになりました。おしゃれをひとつ学ぶと、ひとつ自由になる。おしゃれを楽しむ人が増えるのは、とても嬉しいことです。

05

ＳＮＳ時代の写真美人とは？

写真写りは、一に「光」、二に「表情」、三に「自信」

「一緒に写真を撮ってください！」と頼まれることがたびたびあります。初めてお会いする方のカメラに収まることも多いので、たった一回のシャッターチャンスを逃すわけにはいきません。人様のカメラにその一枚の写真が一生保存されるとも限らないのですから、それなりの顔で収まりたいと思うのです。

近頃はＳＮＳで拡散されることもしばしば。タグ付けされた自分の写真を見てがっかり……、なんて経験はなるべくしたくありません。

写真写りの良し悪しは、「光」「表情」「自信」です。

「光」に関しては、顔に影をつくるダウンライトの下は避け、なるべく正面から光が

当たる場所を探します。ダウンライト以外の光がない場所では、この際不自然でも、思い切りあごを上げ角度をつけて光を顔に集めます。謎のポージングになりますが、10歳老けて見えるよりはましです。室内では蛍光灯より白熱灯のほうがベターですが、近頃は撮った写真をあとから調整できますので、あまり気にしません。野外では、直射日光は眩《まぶ》しくて表情をつくれませんし、光が強すぎるとせっかくのメイクも飛んでしまうので、明るい日陰に移動します。逆光は顔が暗く写るので注意します。

「表情」については、少しの研究と練習が必要です。まず知っておきたいのは自分の利き顔（左右どちらの顔が好きか）です。左右さまざまな角度を自撮りし、自分がいちばん美しく見える角度や表情を研究しましょう。私の場合は右が利き顔なので、さりげなくご一緒する方の右側を陣取ります。

気になるシワ、ホウレイ線、フェイスラインのたるみを解決する方法はたったひとつ！　〝笑顔をつくる〟です。ポイントは口元は上の歯が10本見えるまで口角を上げます。自分では十分笑っているつもりでも、あとで写真をチェックするとどこかつまらなそうな表情で写っていたら、それは年齢による筋力の衰え。口角が下がった証拠です。

「笑う」という表情は最強です。ホウレイ線もフェイスラインのたるみもごまかせる上に、あなたを輝かせて見せてくれるのですから。眉間や額のシワはなるべくつくりたくないですが、笑いジワはチャーミングですから気にしないことです。

大きく笑うと下膨れに見えてしまうという方は、そっと頬に手を添えたり、グラスなどの小道具があれば、顔に近づけると気になるフェイスラインを隠せて小顔効果も狙えます。

プロのモデルが使うユニークなワザには、「まぶたに力を入れて眩しい表情をすることで切れ長の目に見せる」や、「頬の内側を奥歯で噛《か》んで頬を痩《こ》けさせて小顔に見せる」などがありますが、これは難度が高いのでプロのモデルにまかせておきましょう。

私はカメラを向けられると反射的に決め顔をつくってしまいます。ブログの写真を見てもお気づきの通り、どのようなシチュエーションでも、私の表情は判で押したようにほとんど同じです。熟練技の域に達していると言ってもいいでしょう。

それを見た友人にはいつもからかわれますが、たった一回のシャッターチャンスで、人様のカメラにそれなりの姿を残すための工夫なのです。もちろん時にはシャッターチャンスを逃して、変顔を残していることもあるかとは思いますが、どうぞそのような写真は、そっと削除してくださいませ。

最後に、写真美人になるための条件として「自信」を付け加えておきます。確固たる自信は人にオーラを与えてくれますから「オーラ美人」を目指しましょう。「私はキレイ」と呪文を唱えれば、あなたはキレイです。

写真美人になるための身体の部位別攻略法

どんなに若くて美しいモデルであっても、特に広告写真はレタッチ（修整）するのが常識です。

化粧品の広告に至っては、あるはずの毛穴を目にすることはまずありません。シワやシミを消すのはごく普通のことで、長体をかけてバランスを整えたり、輪郭を削って小顔にしたり思いのままです。究極はノーメイクのまま撮影をして、あとから自在にメイクを施すことすらできるのです。ですから、雑誌や広告で目にするモデルや女優が美しいのは当たり前！　レタッチされた写真を本当の姿と鵜呑《うの》みにしないことです。

海外のゴシップ雑誌が人気なのは、パパラッチが激写したセレブのリアルな写真を目にすることで、「彼女たちも完璧ではないんだわ」と安心できるからです。モデルや女優、ミュージシャンは人々に夢を与える職業です。生活感がにじみ出るリアルな現実を見せられるよりも、写真の上だけでも夢を見させてほしいと思うのは私だけでしょうか？　実は、昭和のブロマイドなど、昔からスターの写真は手作業によって修整が加えられていました。思い出すのは、「平凡」や「明星」といったアイドル雑誌の表紙を笑顔で飾るアイドルたちの白く輝く歯です。子供の頃、そんな白い歯に憧れ、歯磨きに精を出し、歯のマニキュアまで買いましたが、今思えばレタッチの賜物《たまもの》だったのですね。

最近は、ＳＮＳで自らの写真をアップする方も多く、プロ顔負けの写真修整アプリも豊富に出回っているので、美しく加工してからアップするのも常識となりつつあります。

とはいえ、**ポーズまで修正してくれるアプリはまだないようですので、ポージングには少し気をつけたほうが良いでしょう。**

「ポージング」については、カメラに対して真正面を向いて仁王立ちにならないこと。片足を半歩前に出し、身体を斜めに振ります。身体の面積を少なく見せることでスリムに写ります。そして何より姿勢が大事です。猫背は老けて見えるので絶対にNGです！　大げさなくらい胸を張って首を長く伸ばすイメージで、堂々とした態度でいることが大事です。脚は前後にクロスさせるとO脚もカモフラージュでき、太い脚を二本見せなくて済みます。腕は脇にピタリとつけると二の腕が押しつぶされて実際より太く見えてしまうので、脇から少し浮かせて軽く肘を曲げます。

意外に年齢が出てしまうのが、手の甲、足の甲です。血管やシワが目立つのは痩せ型の人に多いようです。年齢を重ねたら痩せすぎには注意です。多少ふくよかなほうが、肌にハリがあって若々しく見えます。

手の甲に関しては、ハンドクリーム、日焼け止め、ゴム手袋を使うなどの日々のケアと、ネイルケアをして、指輪やブレスレットなどのアクセサリーで輝きをプラスすることも忘れないでください。

手の甲の血管は、両手を心臓より高く上げるとウソのように消えてしまいます。これを利用して、カメラのシャッターを押す瞬間まで両手を胸の上でキープしておいて、シャッターの瞬間だけ下ろすという瞬間芸もありますが、小道具としてグラスがあれば、心臓より高い位置で持つことで美しい手のままでいられます。いちばん確実なのは、見せないことです。肘を軽く曲げ手を後ろで組んでしまいます。

私は、手の老化が気になりだしてから、レースの手袋をコーディネートすることが多くなりました。手袋のおしゃれと言えば、ハリウッド女優のような50年代風クラッシック・スタイルによく合います。

足の甲については、なるべく血管が目立たない靴を選ぶことです。いくら生足がおしゃれと言われても、年齢を重ねた女性は上質なストッキングでカバーするほうが賢明です。今は、限りなく生足に見える透明度の高いものもありますから。

それでも生足でいたいのなら、ＢＢクリームで足にメイクをしてもいいのです。私はパーティの時には、パール入りのパウダーを膝とスネにサッとひと塗りしてツヤ感をプラスする工夫をしています。

10年間落ち込まないためのパスポート写真の撮り方

10年ぶりにパスポートの更新手続きに行きました。

久しぶりにパスポートを開くと、そこには45歳の私がすました顔で写っています。歳相応に見えなくもないけれど、なんだか人相が悪く、まるで女スパイのようです。それでもやはり、まだ多少の若さが残っています。

今回パスポートを更新したのは55歳。次回の更新が65歳かと思うと、軽いめまいを感じます。65歳といえば〝おばさん〟を通り越して〝おばあさん〟の始まりです。果たしてそれまで生きているかどうかすらわかりません。何度もパスポートを更新し、人生という旅もずいぶん遠くまで来たものです。感傷にひたって、まだ見ぬ未来を心配してても仕方がありません。とにかくこの先10年間パスポートを開くたびに落ち込まないように、証明写真で失敗しないことが今、全力で取り組むべきことです。**私はレフ板効果を狙って白いトップスを着ることにしました。**メイクは念入りなナチュラルメイク。ファンデーションは、ハイビジョン対応で抜かりなし。曖昧になったあごの輪郭をごまかすため、ヘアはダウンにしました。

写真店では、**カメラのシャッターを押す前に、ラストチャンスが与えられます。**そこには身だしなみを整えるための、手鏡とヘアブラシ、ヘアスプレーが用意されています。撮影前の最終チェックをすると、メイクでは隠せないホウレイ線がくっきりと目立っていました。10年前にはなかったはずです。さて、どうしたものか？

私はリーサル・ウェポンとして、化粧ポーチからあるものを取り出しました――みなさんには内緒でお伝えします――それは医療用のサージカルテープです。普段は、メイク時の細かい汚れを取るために使っているのですが、インスタント整形用テーピングとしても役立ちそうです。5センチにカットしたテープを2枚用意し、耳たぶの下あたりに貼って、頬をぐいっと引き上げて留めます。

このテーピングで即席のフェイスリフトが実現しました。

「準備ができました〜！」とカメラマンさんに伝えると、私をちらりと見るなり、「口角を少し上げてみましょうか」のアドバイスと同時に、白いアクリル板を差し出され、胸の位置で持つように指示されました。

私は職業柄、レフ板が何のためにあるのか知りすぎるくらい知っています。それは嬉しいような、嬉しくないような展開でした。

さて、新しいパスポート写真と、10年前のものを比べてみました。作戦は成功です。これで、この先10年間パスポートを開くたびに落ち込むことはなさそうです。

06

髪型が決める
美人か否かの第一印象。

髪型は、自分の顔を良く見せる「額縁」だと思って

美人に見える条件は何かと考えていくと、持って生まれた顔の造形とメイクの力もさることながら、実は意外にも首から上のヘアのメンテナンスが重要だということに気がつきました（首から上のヘアというと、髪と眉毛とまつ毛です）。

ヘアスタイルはいわば顔の額縁のようなものです。

たとえば、そこそこの絵でも良い額縁に入れると格段に素敵な絵に見えるものです。それなら、そこそこの顔でも良い額縁（ヘアスタイル）に入れるとそれなりの美人になるはずです。

実際、ヘアスタイルを変えてぐっとチャーミングになった女友達が何人かいますし、

有名人の中にもヘアスタイルを変えて急に垢抜けたり、イメージチェンジに成功して人気が急上昇した人もいます。

しかし、この「良い額縁」を自分で選ぶのはなかなか難しいものです。長年ヘアスタイルを変えない女性が多いのは、それが自分にはいちばん似合っていると信じている、またはいちばん安心できるヘアスタイルだからです。女性にとってロングをショートにするにはかなりの勇気を要します。たとえ失敗しても髪はまた伸びて元に戻ると知っていてもです。そして「何かあったの？」と聞かれたくもない質問ももれなくついてきます。

実は私も最近髪型を変えました。思い切って15センチほどカットしたのです。ここ10年ほど、前髪をカットしたりというマイナーチェンジはあったものの、ずっとストレートロングで通してきました。仕事柄、「ヘアアレンジをするのにある程度の長さがないと」というのがロングにしていた理由なのですが、正直、髪型を変えたいと思ってもどうしていいかわからないヘアスタイル難民でした。ヘアサロンも10年間で3、4回変えましたが、こちらに髪型を変えたい！　という強い意志がない限り、美容師さんが積極的にヘアスタイルを提案してくれることはありませんでした。

「とりあえず、このままで……」が長年続いていたのですが、50歳の声を聞いた頃から髪質に変化が訪れました。ヘアサロンでスペシャルトリートメントをしているにもかかわらず、徐々に髪にコシとツヤがなくなり、シャンプー後にブローをしても広がってまとまらなくなったのです。そこで、毎回ストレートアイロンを当て、ヘアクリームやオイルでツヤを足して……というひと手間が加わりました。

そしてある日気づいたのです。無理矢理ストレートアイロンで伸ばしたツヤツヤヘアの額縁と、その中の絵であるもう若くはない自分の顔に、得も言われぬギャップがあることを。それからは、センターパーツのひっつめヘアでお茶を濁して過ごしておりました（ひっつめヘアにはフェイスリフト効果があるという利点もあってのことですが）。

そんな頃、私と同じ3月生まれの女子会がありました。集まった10名ほどの女性の中で同じヘアサロンへ行っている方が半数ほどいて、「今年はボブヘアが運気を上げるらしい」と盛り上がり、つい「私もボブにしようかな？」と言ったが最後、その場で美容院の予約を入れられたというわけです。

そのヘアサロンは東京でも屈指のセンスと技術を持ち、オーガニックにもこだわったところで、ファッション関係の方やアーティストも通う人気のヘアサロンです。

前々から行きたいとは思っていたのですが、なかなか重い腰が上がらず、誕生会の勢いでようやく扉を叩いたというわけです。私は「ボブヘアにしてください」という要望だけお伝えして、あとはヘアスタイリストさんに全面的にお任せすることに決めていました。少しやりとりがあった後、ヘアは肩に触れるか触れないかくらいの長さにカットし、毛先にゆるいパーマをかけてニュアンスを出しましょう、ということになりました。実はパーマは以前に大失敗をしたことがトラウマになって、「一生パーマはかけない」と心に誓っていたのですが、考えてみれば10年以上も前の話です。今では技術もパーマ剤も進化しているはずですから、プロの意見を信じて身を委ねました。結果は、パーマのお陰で日常のブローが格段に楽になって大満足です。そして今までは「若さ＝ツヤ」の方程式を髪にも当てはめてアイロンでせっせと伸ばしていたのですが、少量のオイルであくまでもラフに仕上げたほうが、今の私にはしっくりとくることを学びました。

このようなきっかけがなければ未《いま》だに「とりあえず、このままで……」で過ごしていたかもしれません。でも思い切って髪型を変えたことで、額縁の中の若くない顔はぐっと洗練されて見え、着る服がおしゃれに見えるようになったこと、ヘアケアが楽になったこと、そして女友達だけでなく男友達にも「可愛くなった」と褒《ほ》められたこと等々、いいことずくめなのですから、どうしてもっと早くカットしなかったのかと後悔するほどです。

さて、**あなたにとっての良い額縁の見つけ方ですが、とにかくセンスの良いヘアサロンを見つけ、そこのスタイリストさんにここは一度委ねてみることをおすすめします。**プロである彼らはきっとあなたに素敵な額縁を提案してくれるでしょう。ヘアスタイルが変われば気分も変わり、メイクや着たい服も変わります。美しくておしゃれな女性への近道は、良い額縁（ヘアスタイル）を見つけることから始まります。

髪を切ることは、新しく生まれ変わること

良い額縁は万人に共通するものではありません。顔のタイプや年齢によって、その人にふさわしい額縁（似合うヘアスタイル）があるのです。

そんな額縁を見つけられれば、欠点をカバーしてくれる上に、おしゃれな印象に変身できるでしょう。

自分でほんの少し手を加えるだけでも、多少のイメージは変えられます。

・いつもの分け目をあえて逆にしてみる→毛の流れに逆らうことで、毛根が立ち上がりボリュームが出る。

・トップにボリュームを出す↓若々しく見える。
・後頭部に逆毛を立てる↓横顔が立体的になり小顔効果。
・ひっつめる↓思い切って顔全体出すことで、逆に欠点が見えにくくなる。
・ひっつめて、大振りのイヤリングをする↓意志のある、おしゃれなイメージを演出できる。
・サラサラ、ふわふわなどニュアンスをつける↓雰囲気《ムード》美人に見える。
・前髪をつくり、横に流す↓額のシワ、眉間のシワをカバーしてくれる。

などなど……。

でも、セルフプロデュースには限界があります。人生は長いようで短いのです。手っ取り早く〝良い額縁〟を手に入れるにはその道のプロにプロデュースしてもらうに限ります。最初から思い通りのカットをしてもらえないかもしれませんが、何度か通って担当のへアスタイリストさんと信頼関係を築くことができれば、必ずやあなたの美しさを引き出してくれることでしょう。

ヘアスタイルを変えるのは勇気のいることかもしれませんが、最新のファッションを纏っても、髪がひどく傷んでいたり時代遅れのヘアスタイルでは、決しておしゃれには見えません。

ファッションの動向はめまぐるしく変わり、年齢による変化もあるので、**年に一度くらいのペースでヘアスタイルを見直しましょう。そうすれば、今までのワードローブでさえ新鮮に見せることができるのですから、髪にお金をかけることは結局は経済的なのです。**

ヘアスタイルが変わると印象が変わるだけでなく、性格にも変化が訪れます。快活になったり、セクシャリティがアップしたり。そして、新しい洋服や新しいメイクに挑戦したくなったり――そうです！　髪を切るたびに、女性は何度だって生まれ変わることができるのです。

07

バストも気持ちも上げる下着の効用。

魔女に出会って知った下着の楽しみ方

「伊勢丹新宿店の肌着売り場には〝魔女〟がいる」という噂がありました。その〝魔女〟の正体は、ランジェリー・コンシェルジュ（要望に合ったランジェリーを探してくれる店員さん）の松原満恵さんです。松原さんは一度定年退職されてから、顧客からの熱い要望で再び肌着売り場に立ち、その幅広い知識とフィッティング技術でたくさんの女性たちの胸の悩みを解決し、笑顔にしてきました。女性の胸と心に魔法の呪文をかけ、〝世界一オッパイを見た魔女〟と呼ばれていたのです。

そんなベテラン中のベテランの松原さんが退職される最後のタイミングで運良く予約をとることができ、念願のフィッティングをしていただきました。

「女性は35歳を過ぎた頃から体型が徐々に変化していきます。バストもヒップも下垂し、肌はハリを失い、肉質は柔らかくなり、脂肪がついて丸みを帯びた体型へと変わっていきます。その変化に合わせ、現状に合ったランジェリーを選ぶことが大切です」

この事実は、頭ではわかっていたものの、しばらく採寸もしていなかったことに気づき、「これではいけない！」と、相談したいことをたくさん抱えて、約束の時間に松原さんを訪ねました。

小柄で可愛らしいイメージの松原さんは最初に「どのような胸になりたいですか？」ということをさりげなく聞いてくれます。

私は、メイクや洋服選び同様、ボディメイキングにおいても若づくりしすぎないバランスが理想なので、そのことを伝えました。

具体的には、今の私には無理矢理つくった谷間は似合わないので、多少の〝上げる〟は欲しいけれど〝寄せる〟はいらないということ。締め付け感がなく、着心地の良いもの。そして、機能性よりもとにかく美しいレースの一枚仕立てのものを、という要望をお伝えして見立てていただきました。

松原さんは、私の好みを服装や雰囲気からも察知して、広い売り場から次々と素敵なブラジャーをセレクトしてフィッティング・ルームに持ってきてくれます。20着ほど試着をした中から選んだのは、アウターに響かないシームレスのブラ。ストラップがワイドにとってあるインポートのパッド入りブラ。そして、リラックス用のうっとりするようなレースの一枚仕立てのブラです。

楽しかったのは、予想外のデザインや鮮やかな色、ちょっとフェティッシュなものも織りまぜて提案してくれたことでした。

松原さんは言います。

「どうぞ一生を白、黒、ベージュで過ごそうなんて思わないで、ぜひカラーを楽しんでください！」

その言葉にはっとしました。なぜなら職業柄、衣装に響かないようにとベージュの下着をつける機会が多かったので、すっかりそれに慣れてしまっていたからです。洋服はいろいろとチャレンジしてきたけれど、ランジェリーに関しては保守的だったのかもしれません。

その言葉通り、普段は自分では選ばないようなものを試してみると、意外な発見もありイマジネーションが膨らんで、ランジェリーの世界がぐっと広がりました。

松原さん自身もクリスマスやお正月、トークショーで人前で話す時などは、赤いランジェリーをつけて気合を入れるそうです。素敵なランジェリーは心にも作用するものなんですね。

フィッティング・ルームの中では、白い手袋をはめた松原さんが指先でさっと胸をブラに収めてしまいます。ほとんど身体に触れられた感覚はなく、本当に魔法のようです。きっとそれも〝魔女〟と呼ばれる理由のひとつなのでしょう。

そして私は、今の自分にフィットする素敵なランジェリーに出逢えてバストも気持ちも上がり、背筋を伸ばしてお店を後にしました。

機能性ランジェリーに頼って、スタイルをつくり上げる

ランジェリーに関しては、女性は2種類に分かれます。両者とも、洋服に気を遣うのは一緒ですが、その下に着るものに関してはまったく気にしないタイプと、美しいレースやカラーのランジェリーをこよなく愛するタイプに。

もちろん、お財布の事情もあるので、洋服にお金をかけるとその下に着るものまでまわらないということもあるでしょう。

それでも、美しいランジェリーをつけてみるとわかることですが、**いちばん初めに身につけるものが美しいと気持ちが上がります。そしてその上に、「何を着ようか」とイマジネーションが広がります。**たとえ洋服のコーディネートで少しくらい失敗し

たとしても、お気に入りのランジェリーを身につけていれば、心が折れなくて済みます（誰に見せるわけではないとしても）。

みなさんも恋人に会う日はいちばんいいランジェリーを身につけるでしょう？　美しいランジェリーをつけた身体は、ヌードよりキレイです。結局は脱いでしまうとしても、効果は絶大です。

では、恋人に見てもらう機会が少なくなった年代の女性はどうしたらいいのでしょうか？

この年代には褒めてくれる恋人がいないだけではなく、他にもさまざまな悩みがあるものです。

まずは年齢による身体の変化です。胸は下垂しハリがなくなります。デコルテが削《そ》げ落ちるので、若い頃のままのブラジャーでは、カップの上が浮いてしまいます。バージスライン（バストの底辺のライン）も曖昧になり、ブラジャーがずり上がることもあります。肉質も柔らかくなり脇肉がはみ出します。

肌も乾燥しやすくなるので、下着をつけるとかゆみが出て、時には我慢できず、思わずその場でノーブラになろうかと思うくらいです。

他にも若い頃とは感覚も変わってきて、下着の締め付け感が不快と感じる方も少なくありません。

これほどの悩みを抱えているにもかかわらず、若い頃のままのブラジャーで良いはずがありません。

最近は、このすべての悩みを優しく解決してくれる、機能的なランジェリーもたくさん出ています。下垂したバストを持ち上げるブラや、かゆみの出ないオーガニック・コットンを使ったもの、締め付け感のないワイヤーがないタイプや、ワイヤーを包んで痛くなりにくいタイプなど。

薄手のニットを着た時に気になる、後ろ姿の段々畑にはキャミシェイパーという、着心地はソフトだけれど、はみ出した肉をなかったことにしてくれる優れものもあります。

バスト問題だけでなく、下垂したヒップを引き上げてくれるソフトガードルやヒッププパッドが入ったショーツなどもあるのですから、若かった頃の体型に近づけることは不可能ではありません。

洋服をキレイに着こなすには、こういった機能重視のランジェリーが強い味方になってくれます（ただし、機能重視のランジェリーに押し込まれた身体は触ると固いので、デートの日にはおすすめしません）。

あなたが海外セレブのように、タイトフィットのドレスを纏ってレッドカーペットを歩くことがあるなら全身補正下着を装着すべきですが、そんな予定がないのならもう少し楽をしてもいいと思います。

だからと言って、ブラ付きキャミソールに頼りすぎるのも考えものです。

楽とエレガンスは時に両立しにくいものだからです。

私はバストケアを怠ったことを後悔しています

私のバスト問題は決して加齢だけが原因ではありません。知識がなかったことで、下垂への道をひた走っていたのです（どうぞみなさんは、まだ間に合うはずですから一刻も早く手を打つことをおすすめします）。

いつのまにか、ワンピースのバストトップの位置が自分のそれとずれていたのです。そのことを確信したのは、40代半ばに某ファッションビルのモデルをやらせていただいた時のこと。その広告写真はポスターになり、数ヶ月の間ビルの壁面に貼りめぐらされました。そのポスターを客観的に見て気づいたのは、「あら？　バストの位置が下すぎじゃない？」でした。

撮影の時は、スタイリストが用意してくれるどんなタイプの服にも対応できるように、ベージュのヌーブラを着用していました。ご存じの通りヌーブラは胸にペタリと貼り付けるもので、胸を支えるストラップはありません。ベアトップのドレスはもちろん、胸元が大きくあいた服にはセパレートして逆さにして貼るという裏ワザもあり、大変便利なブラジャーです。

その撮影の時も、いつものようにペタリと胸に装着しました。その結果があの写真です。ポスターが貼られている期間中は恥ずかしくて、そのビルへ行くことはおろか、前を通ることさえ躊躇《ちゅうちょ》するほどでした。

誤解のないようにお伝えしておきますが、私のバスト問題は決してヌーブラのせいではありません。撮影やライヴの時にどれほどお世話になったことでしょう。悪かったのは私自身で、ヌーブラをつける必要のない日常でも、その手軽な使い心地から毎日ペタリと装着していたからです。

バストには筋肉がありません。ですから運動などで鍛えることができません。そのため一度垂れると元に戻すことができないのです。

実は、2002年になってヌーブラが登場するずっと前から、私はバストに対してまったくケアをしていませんでした。

では、私の「バスト下垂への道のり」をお話ししましょう。

デビュー当時の20歳そこそこの頃は、ノーブラで日々を過ごしておりました。もちろん、まだ若くて十分にハリもあったので、ノーブラでもシルエットに支障はなかったのと、時代もあったのでしょうか？　日常はもちろん、撮影やステージでもノーブラでした。その後はブラジャーをつけるようになりましたが、肩が凝るのと、さまざまなデザインの服を楽しみたいので、ストラップレスのブラジャーを長年愛用していました。

その後、90年代初頭に爆発的にヒットしたワンダーブラ（寄せて上げるブラ第一号）に行き着きます。輸入されたばかりのワンダーブラをさっそく購入して、人生で初めての谷間が嬉しくて、女友達と見せ合ったものです。

そのまま、〝寄せて上げる〟を続けていれば悲劇は起こらなかったのですが、2002年になってヌーブラが登場してからは、背中が大きくあいた衣装や、アウターに響かない便利さから日常でもステージでも愛用していたというわけです。

その結果は……、はい、ご想像の通りです。

そういうわけなので、もうジタバタしても始まりませんから、身体の線が出るドレスを着る時にはボディメイク用のランジェリーの力を借ります。どんな非常時にも打つ手はあります。

でも、まだジタバタできる年代の方は、バストケアをすることをおすすめします。

1 自分の胸に合ったブラジャーをつける／ランジェリー売り場でプロに見立ててもらうこと。
2 夜寝る時にも、専用ブラジャーをつける／寝ている間形の崩れやすいバストを優しくキープしてくれる。
3 バスト専用クリームをつける／オーガニックのバストファーミングジェルがおすすめ。

みなさまのご健闘をお祈りします。

さて、もうジタバタしても始まらない私は、ボディメイク用ランジェリーが必要のない日常には、大人の余裕でフランス流の〝セクシーの考え方〟を取り入れようと思います。フランスでは女性のセクシーについての考え方が日本のそれとは少し違います。若くてはち切れんばかりの肉体の美しさとは別に、歳を重ねた女性の少し崩れた身体もマチュア＝成熟したものとして十分にセクシーと認められるのです。

しかし、ここは日本。それをどれだけ認めてもらえるのかわかりませんが、この際気にしないことにいたします。シャツのボタンをひとつ余計に開けて、削ぎ落とされ洗練された（ものは言いよう）胸を包む繊細なレースがちらりと見えるセクシーは、〝寄せて上げる〟のではないナチュラルな胸だからこそです。**あるがままのさりげないセクシーは大人に限られたもの、小娘には決して真似はできません。**

それを証明してくれたのが、ジェーン・バーキンです。シャツから見える胸のセクシーさは、もはやアートの領域です。大人のセクシーのあり方を教えてくれる彼女は、ビューティ・エイジングのお手本です。

08

ハイヒールが
大人の女性を演出する。

ハイヒールを諦めることは、女性の楽しみを手放すこと

ハイヒールは大人の女性を演出するためには外せないアイテムです。女性の脚を美しく見せ、背筋が伸び、全身のバランスが良くなり、おしゃれ度をぐっと引き上げてくれます。そして何より女性としての意識が高まり、自信に満ちた存在感が生まれます。

そんなにいいことずくめなら履いてみたいけれど、ハイヒールは痛い、辛《つら》い、履く気がしないという方も多いと思います。それは、靴の条件である実用性、履き心地と美しさが、ハイヒールの場合には一致しないからです。

でもそこで諦めたら、女性としての楽しみをひとつ手放すことになります。

安心してください。ハイヒールは毎日履くものではありません。ここぞ！　という時――あなたが女性としての存在感を示したい時――にだけ登場すれば十分です。たとえそれが月に一度でもいいのです。**大事なのはハイヒールを諦めないこと。おしゃれ心を持ち続けることです。**

1　安物のパンプスを3足買うのなら、どうぞその分で一足の良い靴を買ってください。高級料亭に招かれて靴を脱ぐシチュエーションで恥をかかないためにもです。そして安物は必ず足にまめをつくってくれます。

2　自分の足のタイプを知って、木型の合う靴を求めて慎重に試着をしましょう。ぴったりの一足に巡り会ったら、そのブランドをご贔屓にしましょう。プレーンなデザインなら、定番の黒とベージュ、そしてもう一足はコーディネートのポイントになる鮮やかな色（赤はいかが？）の3足を思い切って買いましょう。それ以外に余計な靴を買わなくなるので、結局は賢い買い物になります。

3　2と矛盾するようですが、靴に関しては、見た目の素敵さと履きやすさが必ずしも一致しないことが多いのも事実です。履き心地を追求するあまり、好みでない靴を買うのはナンセンス。時には実用性を捨て、デザイン重視で選ぶスリルも味わってください。

4 ハイヒールに慣れていない方は、プレーンなパンプスタイプの前に、ストラップつきパンプスをおすすめします。ストラップが足をホールドしてくれるので安定感があり、脱げる心配がありません。それだけで心配事がひとつ減ります。

5 新しいハイヒールを買ったら、いきなり下ろしてパーティへ行ってはいけません。素敵な男性に声をかけられたのに、頭の中は「足が痛くて一刻も早く帰りたい！」ではせっかくのチャンスを逃してしまいますから。本番の前にはリハーサルが必要です。時間に余裕がある時に、夕食の買い物へ行くとか、美容院へ行くとか、実際に履いて歩いてみましょう。膝が曲がって不格好な歩き方になっていないか、ショーウインドウに映った姿もチェックしてください。こうして徐々に慣らして自分のものにしていきます。

6 リハーサル中に気になることがあったら、中敷やシリコン製の滑り止めを使って調整します。靴底にラバーを貼ってもらうと、衝撃を緩和してくれるので足のためにも、靴を長持ちさせるためにもいいようです。最近はクリスチャン・ルブタン専用の赤いラバーもあります。

赤い口紅とハイヒールで、女性としての準備万端。さあ、パーティに出かけましょう！

特別なハイヒールは鑑賞用としても美しい

以前私の靴を特別にデザインしてくれた（なんとダイヤモンドをあしらった380万円の靴です！）イタリアのシューズ・デザイナー、ジュゼッペ・ザノッティさんに質問をしたことがあります。

「ハイヒールと履き心地の関係は？」

すると、こんな答えが返ってきました。

「たとえばハイヒールを片手にぶら下げて、夏の白い砂浜を歩いている美しい女性をイメージするんだ。デザインする時は、そんなイマジネーションから美しいハイヒールが生まれることもあるんだよ」

つまり、必ずしも履いて歩くということが、デザインする過程で想定されていると は限らないのです。

彼のデザインするハイヒールは、ハリウッドのセレブと呼ばれる方々にもファンが多いのですが、彼女たちが素敵な男性にエスコートされながらレッドカーペットを歩く数分間だけを想定してデザインされているのかもしれません。

たとえあなたにレッドカーペットを歩く幸運が訪れなかったとしても、誰にでもそんな美しいハイヒールを手に入れる自由はあります。

美術品を買うつもりで、とっておきの一足を自分のために買うのは、とてもスリリングな楽しみです。

そんな特別なハイヒールは、鑑賞用に持っているだけでも幸せな気分に浸れます。

もちろん時々そっと足を入れて、ひとり悦に入るのも自由です。

ハイヒールとは、あなたを永遠に女性でいさせてくれる素晴らしい発明品なのです。

09

若い頃から変わらないと思われるカラダづくり。

私がずっと体型を維持しているように見える理由

「体型維持のために日頃からやっていることはありますか？」

この質問を、今までに何度されたことでしょうか。とっさに口をついて出るのは、

「特に何も」。

すると必ずや、

「何もしてないだなんて！　本当はいろいろと努力なさってるんですよね？」

と、お決まりの反応が返ってきます。

ご期待に添える返事ができず心苦しいのですが、私は本当に特別なことは何もしていないので、そう答えるしかないのです。

そもそも私が昔の体型を維持しているのかと言えば、答えはノーです。

たしかにデビュー当時（21歳）と体重はほとんど変わってはいませんが、体型はまるで違います。それは、身体の持ち主である私がいちばんよくわかっています。

デコルテは削げ落ち、バストやヒップは下垂し、ウエストまわりに脂肪がつき、膝や肘がたるみ、首にはシワが刻まれ……やれやれ。もうこの辺でやめておきましょう。こんなことを並べても誰も幸せな気分にはなりませんから。

嬉しくない体型の変化のオンパレードにもかかわらず、たびたびされるあの質問。特にハードな筋トレやダイエットもしていないのに人様は私が体型を維持していると思ってくれているのなら、それはそれでラッキーです！

そこで、自問自答してみました。

「体型を維持しているかのように見えるために、私は何をしているのか？」

これまでに、さまざまなことにチャレンジしてきましたが、もともと怠け者の性格なので、続いたためしがありません。

ざっと思い出しても、エアロビクス、タップダンス、ジム、水泳、ヨガ、ピラティス、社交ダンス、ランニング、ウォーキング、リンディホップダンス、パーソナルトレーニングなど、どれもこれもすべて続きませんでした。

唯一続いていることと言えば、歌を歌うことです。これだけは、アマチュア時代から数えると40年近くになります。

歌を歌うのはたしかになかなか体力を使うもの。歌が好きな人はカラオケに通い続ければそれなりの効果はあるでしょう。

でもいちばんの効果は、歌を歌うことが仕事になったことで、常に人から見られるという〝緊張感〟が大きいのではないでしょうか？

良い意味での〝緊張感〟が体型維持に繋がるというのが、私が導き出した答えです。この〝緊張感〟を日常生活に取り入れれば、ジムに通わなくてもOKなのでは？

そこで、努力というほどのものではないですが、私が日頃実践していることをいくつかお伝えしたいと思います。

まず、**一歩外に出たらそこはステージだと思いましょう。**スター気分で、背筋を伸ばして颯爽と歩きます。

正しい骨盤の位置を意識して背骨をまっすぐに立て、胸を開き肩甲骨を寄せます。腹筋を使ってウエストをいちばん細い状態にして、それを常に意識します。あごを引いて、首を長く長く伸ばすイメージで、早足で歩きます。

エレベーターやエスカレーターはなるべく使わないで、階段をリズミカルに上り下り。余裕があれば一駅くらい歩いてしまいましょう（ジムのランニングマシーンで30分走るよりも経済的です）。

信号待ちでも気は抜かないで！　ファッションショーのランウェイを歩いていると想像してください。横断歩道には大勢のカメラマンが待ち構えていますから、だらしなく立っていないで、ここでは軽くポーズを決めましょう。腰に手を当てたり、脚をクロスさせて立つのも素敵です。

横断歩道の向こうに立っているギャラリーも、信号待ちの暫《しば》しの時間はヒマを持て余し、あなたを見ているかもしれません。目の前を通り過ぎるドライバーたちからも意外と見られているものです。

それから、眉間にシワを寄せて怖い顔をして歩かないこと。子供も怖がって逃げてしまいます。口角を上げ、余裕の微笑みをたたえて歩きましょう（これで表情筋も鍛えられ、小顔に効果があります）。

実践してみると相当のインナーマッスルを使っていることに気づくはずです。

そして、家に戻ったらどうぞ心も身体もリラックスしてください。家はオフステージなので、スイッチを切り替えます。

猫と一緒に毛布にくるまって、ワイン片手に大好きなＤＶＤを見たっていいのです。このメリハリも大事ですね。

こんなふうにお金も時間も使わずに、辛くて苦しいこともなしで、体型を維持しているかのように見えるなら、それはそれでいいと思うのです。

21歳から体重が変わらない私の食事法

私の体重が21歳でデビューしてから現在までほとんど変わっていないのは前項でもお伝えした通り。巷《ちまた》に溢れるダイエット法みたいなものは特に何もやっていません。そして「○○○ダイエット法！」のような派手な名前がついたものは、極端な方法のものが多く、続けられないので効果が出にくいと考えています。

私の体重が変わらないのにはそれなりの理由があるはずですから、「野宮式ダイエット法」ではなくて、私の食生活を紹介することで、ダイエットのアドバイスとさせていただくことにします。

――腹六分目の食事を1日3回

2　5大栄養素（たんぱく質、脂質、炭水化物、ビタミン、ミネラル）がバランス良く含まれている食事

3　よく噛む

この3つです。

「腹六分目の食事を1日3回」であって腹八分目ではありません。運動をしている人は別ですが、代謝が落ちてくる私たちには、腹六分目でちょうど良いのです。そして一日三食を基本として栄養を摂りましょう。

「必要な5大栄養素」で身体を満たしていると、必要以上の食事をしなくなります。適切な食事量は、身体が教えてくれます。ファストフードやどんぶりものは栄養素の偏りがあるのでたくさん食べないと満足感が得られず、どうしても太ってしまいます。できるだけ「一汁三菜」の食事を摂りましょう。

「よく噛む」は大切です。ひとくち30回は噛みましょう。

よく噛むと……少ない食事でも満足感が得られます。腹六分目で十分満足します。

よく噛むと……美容に良い成分を持った唾液《だえき》が分泌されると言われています。

よく噛むと……顔の筋肉が鍛えられて、たるみがなくなり、小顔になります。ひとくち50回だとさらに。

太らない身体をキープする秘訣は、「減らす」ではなく、「満たす」ことにあると気づきましたか？　必要な栄養素を必要な量だけ摂取して身体を満たしてあげることが大切なのです。わざわざダイエットする、というのは時間と労力がもったいない。日々の食事という生活習慣の中に組み込むことでスリムになっていくのが、大人の女性です。

そういえば、野宮式ダイエット法なんてない！　と言いましたが、ひとつありました。「酒の肴ダイエット」です。私はほぼ毎日晩酌をしますので、夕ごはんは、お米と主菜というよりも「酒の肴」が多いのです。なかでも、カラスミ、イカの沖漬け、ホヤ、果てはクサヤまで珍味と呼ばれるものが好きです。珍味には発酵食品が多く、栄養価も高いので、美容にも効果があると信じています。それを口実に毎日美味しくお酒を飲んでいるというわけです。飲みすぎたりしなければ、今流行の「糖質制限ダイエット」になっているのかもしれません。

日本とフランスでこんなに違う〝二の腕〟対策！

フランスの歌手、クレモンティーヌとは、90年代の渋谷系の時代に、何度かお会いしてはいたものの、共演のチャンスはありませんでした。それが2015年、20年の時を経て初共演という運びになりました。

ライヴでは日本のアニメソングの他、日本人にもお馴染《なじ》みの「オー・シャンゼリゼ」や「男と女」も披露してくれました。私は代表曲「東京は夜の七時」、ジェーン・バーキンの「想い出のロックン・ローラー」、アンコールにはふたりでピチカート・ファイヴの「ウィークエンド」をデュエットして、会場も大いに盛り上がりました。

ライヴの衣装替えは、彼女と私の共通点のひとつ（他にも子供の年齢が近いことや、発声練習をしないことなどの共通点もありました)。彼女の衣装は、日本人がイメージするパリを意識してか、一着目はボーダーのワンピース。そして、もう一着はエスニックな雰囲気のラップドレス。ホルターネックで、肩から腕を惜しげもなく披露。歳相応の二の腕(つまり正直言って決して細くない)だって、まったく気にする様子もなく、それがまた彼女の個性としてチャーミングに見えました。

フランス人は個人主義、人の目よりも、自分が良ければそれで良し。自分が好きでやっているならそれで良し、なのですね。

正直、歳をとるとあちこち隠したくなるものですが、中途半端に隠すよりは潔く見せてしまうというのは、本人の意志が感じられれば、案外ありなのかもしれません。

私も歳相応の二の腕の持ち主です。それでもノースリーブを着ます。筋トレはしないので、太く見えないためのトリックを使います。

1 二の腕は脇にピタリとつけない(筋肉がない二の腕は潰《つぶ》れて太く見えます)。

2 腕を上げたり振ったりしない。振る時は手首だけ振る(二の腕の贅肉が揺れる行動は慎む）。

3 二の腕をカバーしたいからといって、天女の羽衣を纏うのはNGです。代わりにカーディガンを肩から羽織るとおしゃれ度が上がります。

最後の手段は、二の腕にエアーブラシでシェイディングをするという方法もありますが、そんなトリックを使ったりせず、ありのままの自分を愛せるのがフランス女性です。私はフランス女性のように大らかにはなれませんが、ちまちまと自己満足にすぎないかもしれないトリックを研究する自分も嫌いではありません。**ありのままの自分を堂々と見せるのがフランス人。奥ゆかしくスマートにコンプレックスを隠すのが日本人。**クレモンティーヌと私。フランス女性と日本女性はそれぞれの魅力がありま す。お互いを知ることで、いいところは取り入れ、女性として美しく生きるヒントにしたいと思います。

「若返りの香水」をお守りのように持ち歩く

1370年頃、王に先立たれた72歳のハンガリー王妃エリザベートは、リウマチを患いながら寂しい日々を過ごしていました。そんな時、エリザベートは若いポーランド国王の肖像画を見て一目惚《ひとめぼ》れ！

美しさを取り戻したい！ そう思ったエリザベートは遠い森に住む隠者に相談に出かけます。ひとり、森の中を分け入っていくと、みすぼらしい身なりの男に出会います。エリザベートはその男に優しく声をかけ、マントと食べ物を与えたのでした。実は森の賢者だったその男が、お礼に「若返りの香水（化粧水）」の処方（レシピ）をエリザベートに与えます。そのレシピ通りにつくって試してみると、エリザベートはみるみる美しく若返り、リウマチも治って、ポーランド国王から求婚されたというエピソードが残されています。

処方の残っている香水としては最も古いものと言われ、フィレンツェの修道尼マリア・クレメンティネが伝えたとされています。ローズマリーの香りがベースとなっていて、ハンガリー王妃にちなんで「ハンガリーウォーター」と呼ばれています。

（以上、参考書籍：フレグランスジャーナル社刊『ローズマリー油』ジュリア・ローレス著　熊谷千津訳）

私がフィトテラピー（植物療法）の勉強をしていて、いちばんロマンチックでワクワクしたのは、この〝若返りの香水（ハンガリーウォーター）〟のエピソードです。ローズマリーの花言葉は「あなたを蘇らせる」。私の好きなエッセンシャルオイルのひとつです。

また、ローズマリーはキッチンハーブとしてみなさんにも馴染み深いと思います。にんにくと鷹《たか》の爪と一緒にオリーブ・オイルやワインビネガーに漬け込んだり、肉料理に使うことが多いのは消化促進作用があるからです。

フィトテラピーの実習の授業では、実際にレシピ通りに調合して〝若返りの香水〟をつくりました。

香水としてだけではなく、希釈して化粧水として使ったり、お風呂に入れて入浴剤として使ったりすることもできます。

この香水は何年でも保存可能と言われ、10年くらいたったものもヴィンテージとして楽しむことができます。

私は、この〝若返りの香水〟を、小さな香水瓶がついたお気に入りのネックレスに入れて持ち歩いています。お守りのように身につけたり、時々香りを嗅いでリフレッシュすると、本当に若返った気分になります。どうぞ、みなさんもお試しください。

ハンガリーウォーターのレシピ

・ローズマリー油……………3滴
・レモン油……………………4滴
・スィートオレンジ油………4滴

・ローズウォーター……………1ml
・無水エタノール……………4ml

つくり方

1 無水エタノールをビーカーに測りとる
2 ローズマリー油、レモン油、スィートオレンジ油を加えてかき混ぜる
3 ローズウォーターを加える
4 よく混ぜて、保存容器に入れ、さらに振り混ぜる。初めのうちは2日おきにシェイクする。その後は週に一度程度よくシェイクしながら2ヶ月間熟成させる

※レモン油は柑橘系で光毒性があるので、紫外線に当たるとシミになる場合があるので注意してください。

この「若返りの香水」のつくり方は、127ページでも紹介したフィトテラピスト、森田敦子さんの主宰する「ルボア フィトセラピースクール」の授業で教えてもらい

ました。でもきっと私は、いちばん不真面目な生徒だったかもしれません。

私は、「健康オタク」でもありませんし、真面目すぎるのも苦手なので、「フィトテラピーを応用して、自分が欲しいものをつくるには？」ということばかり妄想していましたから。

ローズが「女性力アップ」に効くと知ると、ローズジュースを私の大好きなシャンパーニュで割って「恋するフィトカクテル」をつくってみたり、前述したようにフィトの知識を活かして「オーガニックだけどモード」な赤い口紅をつくったりしてきました。やはり身体に良い、だけではなくて、美味しかったり、きれいになったり、楽しくなったりすることにフィトテラピーを使いたいのです。今後も「モテるハーブティー」や「声が若返るのど飴《あめ》」などもつくりたいと思っています。

ゆくゆくは「野宮真貴の若返りの香水」をつくってみたいものです。

還暦まで歌うために身体と健康を考え直す

それは大事なライヴステージを5日後に控えた朝でした。ベッドから起き上がろうとしたその瞬間〝魔女の一撃（ぎっくり腰）〟に見舞われたのです。激痛でベッドに倒れ込んだまま動けなくなってしまいました。5日後のライヴのことを考えると顔面蒼白《そうはく》です。今までに経験をしたことのないほどの痛みで歩くこともままならず、とりあえず整体と鍼《はり》で応急手当をしてもらい、なんとかステージに立ちました。

日頃から、美容や健康については気を遣っていたつもりです。美容については〝省エネで美しく〟をモットーに、おしゃれだって「おばさんって誰のことかしら？」の心意気で、健康については年に一度の人間ドックはもちろん、食事や生活もそれなりに気を遣っていたのに……。何より気持ちだけは、まだまだ若いつもりでした。

ところが、ここにきて私のウィークポイントが露《あら》わになったのです。若い頃から特に腰痛に悩んだこともなかったので青天の霹靂でした。

加齢によるハリと弾力の低下は肌だけではありませんでした。それは目に見えない背骨のクッションにも確実に起こっていたのです。さらに筋力不足、ストレッチ不足、ハイヒールを長年履き続けるなど、腰痛の原因はどれも心当たりがありました。〝魔女の一撃〟は突然の出来事のようですが、実は加齢と共に〝無理〟というジャブが気づかないうちに長年打ち込まれていたのです。

このままでは、「還暦まで歌う」の決意が叶《かな》わないばかりか、大好きなハイヒールも履けなくなってしまう！　なんとしても腰痛を改善して、二度と〝魔女の一撃〟のターゲットにならない身体づくりに真剣に取り組まなくては！（それにしても魔女の一撃とはよく言ったものです。ドイツ語で〝ぎっくり腰〟。身体の声を聴いていないと、魔女が腰に悪さをする、というイメージですよね）

ということで、ただいま、真面目に腰痛専門の整形外科で長期のリハビリテーションに通っています。日頃からストレッチをして身体の柔軟性をキープすることにも取り組んでいます。今回ばかりは省エネとはいきません。

歌手生命とおしゃれ人生をも脅かす、突然の災難ではありましたが、またこうも思いました。

「これは身体からのメッセージ。この災難が今起こってくれて本当に良かった」と。もしも、これが10年後に起こったなら、ぎっくり腰→寝たきり→糖尿病→合併症……などという最悪の事態にならないとも限らないのですから。今ならまだ十分立て直せます。

人は痛みを伴わないと学ばないものなのかもしれません。健康な時は、健康の大切さを忘れています。しかし健康がなければ、おしゃれも美容も大好きな歌を歌うこともできません。

〝一病息災〟という言葉があります。辞書を引くと、「持病が一つくらいある方が、無病のひとよりも健康に注意し、かえって長生きであるということ」とあります。

この考え方が心にしっくりときました。この名言に幸せのヒントがあると思ったのです。自分の身体の声に耳を傾け、不調があれば無理をせず日常的に手当をする。そのことが、身体と心の健康と幸せに繋がっていくはずです。

これからの人生を大きく変える気づきを与えてくれたのが、〝魔女の一撃〟でした。

10

いくつになっても「今がいちばんキレイ」と言えるために。

自分をプロデュースしてくれる人を見つける

女優やタレント、モデルやミュージシャンが素敵に見えるのは、本人の努力はもちろんですが、そのまわりにたくさんのプロデューサーがいるからです。ヘアメイク、スタイリスト、カメラマン、アートディレクター、マネージャーというその道のプロが、本人をより輝かせるためにプロデュースをしてくれるのです。

私自身も、特にピチカート・ファイヴで活動していた時には、たくさんの優秀なスタッフによって、ヴィジュアルイメージをつくり上げていました。

ですから、決して私に特別なおしゃれの才能があるわけではなく、たくさんのプロによって〝おしゃれ〟というイメージが生まれたのです。

プロデュースしてもらう、というと一部の有名人だけに限られたものだと思っていませんか？

人前に出る職業の人でなくても、プロデュースされることはもちろん可能です。むしろおしゃれな人は必ず誰かにプロデュースされていると言ってもいいでしょう。

美容師、いきつけのブティックの店員、皮膚科医、エステティシャン、センスがあって正直な友人など、彼らにプロデュースされることで、おしゃれのレベルが確実に上がっていくものです。私が各チャプターで「プロの意見を聞きましょう」「時にはプロに委ねてみましょう」と言っているのはそのためです。

みなさんもその道のプロを見つけて、自分をプロデュースしてもらいましょう。自己プロデュースだけでは時に客観性を欠いてしまうこともあるからです。

それから、夫や恋人の意見はほどほどに聞いておきましょう。彼らにプロデュースをさせると、往々にして自分の趣味を押し付けてくる傾向がありますから。

彼らにはもっぱら褒める役に回ってもらいましょう。褒めるプロ、というのが男性の理想形かもしれませんね。

自分を肯定してくれる「ファン」を見つける

自分をプロデュースしてくれる人を見つけたら、次は自分の「ファン」を見つけましょう。

良くない部分を率直に助言してくれる正直な友人も大切ですが、どんな時でも全面的にあなたを肯定し、好きでいてくれる人を持つことは本当に大切です。

ミュージシャンの私にとっては、その人たちを「ファン」と呼ぶのですが、みなさんにとっても自分のファンを持つことはとても心強いものです。ファンはあなたの価値を高め、美しくいようというモチベーションを与えてくれます。

私のファンを挙げるとするならば、アートディレクターの信藤三雄《しんどうみつお》さんがそのひとりです。彼はピチカート・ファイヴの頃から最新アルバムまで長年にわたって私のビジュアルをつくり上げてくれた方です。信藤さんのアートディレクションのセンスとテクニックによって私のイメージが生み出されていると言ってもいいでしょう。

信藤さんとは20年以上も一緒に仕事をしているわけですが、初めて出会った時から現在に至るまで「野宮さんは美人」と言ってくれる貴重な方なのです。肉体的にもいちばん美しかった30代の頃は「野宮さんの骨格が美しい」、加齢が始まる40代の頃は「筋肉がない身体が美しい」——と、かなりマニアックなお褒めの言葉をいただきました。「骨」を褒められるなんて生まれて初めてでしたから、ちょっと戸惑いましたが（そういえばデザイナーの丸山敬太さんからも「野宮さんはフィギュアが美しい」とお褒めの言葉をいただいたことがありました。そうか、私は「骨格美人」だったのか!?）。50代になると「年齢を重ねるほど価値が上がっていくのが素晴らしい」と素敵な言葉をいただきました。最新アルバムのジャケット撮影で「野宮さんの表情や味は若い女性には醸し出せない！」と言っていただいたのも嬉しい瞬間でした。

20年以上も変わらずに会うたびに褒めて（たとえそれが骨だとしても）くださるの

は信藤さん以外にはあまり見当たりませんが、そのようなマニアックなファンがひとりでもいてくれたら、十分に前向きに生きていけるというものです。

あなたにもそんな人が案外身近に必ずいるはずです。同性でも異性でも年上でも年下でもよいのです。彼らが夫や恋人である必要はありません。ちょっと落ち込んだ時に会いに行きましょう。そしてとびきりおしゃれした時にも会いに行きましょう。あなたのファンはきっと「キレイ」と言ってくれるでしょう。

ファンはたくさんいるに越したことはありませんが、あなたのことを心から好きでいてくれるファンがひとりでもいれば十分です。特にマニアックなファンは、きっとあなた自身も気づいていない、あなたの中にある「美人」をすでに見つけています。彼らはあなたの本質を愛してくれるはずです。

私も世界中のマニアなファンに支えられて今があるのです。

〝ほどほど〟がうまくいく

おしゃれしすぎ、おしゃれしなさすぎ。
メイクしすぎ、メイクしなさすぎ。
太りすぎ、痩せすぎ。
考えすぎ、考えなさすぎ。
遊びすぎ、遊ばなすぎ。
仕事しすぎ、仕事しなさすぎ。
しゃべりすぎ、言葉足りなすぎ。
寝すぎ、寝なさすぎ。
愛しすぎ、愛さなすぎ。

愛されすぎ、愛されなさすぎ。
自信ありすぎ、自信なさすぎ。
夢見すぎ、現実的すぎ。
健康オタクすぎ、健康に気を遣わなさすぎ。
モラルありすぎ、モラルなさすぎ。
真面目すぎ、だらしなすぎ。
優しすぎ、冷たすぎ。
食べすぎ、食べなさすぎ。
飲みすぎ、二日酔い……。

なにごとも〝すぎる〟のは良くない。
ほどほどにしていれば、だいたいうまくいく。
というのは、
私は生き方の大きな指針のひとつです。

晴れ舞台は自分で用意して、時に主役感を味わう

私は今年（２０１６年）、56歳になりました。ここまでくると平常心を保っていられるものですね。まったくもって中途半端な年齢なのですが、デビュー35周年ということもあり、ふと自分主催の誕生会を開こうと思い立ちました。

誕生会を名目に、日頃から公私ともにお世話になっている方々へお礼がてら、一緒に楽しい時間を過ごせたら最高の誕生日になると思ったからです。

パーティのタイトルは、

「野宮真貴　生誕56年！　ボウリング大会～Let's 5656《ゴロゴロ》 Keep on rollin' ～」。

56歳の語呂合わせで、「留《とど》まることなく転がり続ける」という自分自身への誓いも

込めてのボウリング大会というわけです。

ドレスコードは、〝あなたのボウリングスタイルで！〟

嬉しかったのは、ゲストのみなさんが50年代ルックや、懐かしの中山律子さん風など気合を入れたボウリングスタイルで来てくれたことです。会場となったレトロなボウリング場がまるでアメリカン・グラフィティの一場面のようなおしゃれな空間になったのは、私にとって最高のプレゼントでした。

ゲストは約１００名。ミュージシャン仲間からママ友、編集者からアーティストなどなど、さまざまなジャンルの方々が集まってくれました。

誕生会のコンセプト、衣装、メイク、アトラクション、そして食事に至るまで自分で考え、自分を祝ってもらいながら招待した人を最高にもてなすために心を砕く。準備には1ヶ月くらいかかりましたが、その苦労もまた楽し、です。

子供の頃の誕生日は、一年に一度の大イベントでした。学校の友達を招いての誕生会。あの時のちょっと照れくさいけれど、内心ものすごく嬉しい、あの高揚感を今でも覚えています。

40代にさしかかる頃から、毎年訪れる誕生日を心から喜んでばかりもいられなくなりましたが、いくつになっても「高揚感」は大事です。他人の結婚式やパーティにばかり出ていないで、時には自分のために「晴れ舞台」を用意しましょう。

振り返れば、仕事や家庭や子育てという日常の中で、**いつも誰かに主役を譲ってきませんでしたか？　そう感じる方はなおさら、ここまで頑張ってきた自分を年に一度くらいは主役にしてお祝いしましょう！**

私にとってはライヴステージがいちばんの晴れ舞台ですが、たとえミュージシャンでなくても、誕生日や記念日を自分で企画して、自分のために晴れ舞台を用意することはできます。まわりの人もどんどん巻き込んで、一緒に楽しんでしまえばいいのです。

その時のあなたはどんな人もかなわないくらい輝いているはずです。

Happy Birthday to me！

いくつになっても主人公はあなたです！　という意味を込めて。

歳をとると、人生がもっと愛おしくなる

いつも探しものをしている。
ふたつ以上荷物があると必ずひとつ忘れる。
フラットシューズ率が高くなる。
化粧ポーチからあぶらとり紙が消える。
飴ちゃんを常備する。
どこもかしこも乾く。
方向音痴が加速する。
「えっ?」と聞き返す。

「よいしょ」と言ってしまう。
小さな文字が見えない。
お酒を飲むと記憶をなくす。
化学繊維を着るとかゆくなる。
かぶりの服が億劫になる。
背中のジッパーが上げられない。
ブラジャーがずり上がる。
Ｔバックが意味をなさない。
涙もろくなる。
眉と目のあいだが間のびする。
鼻の下が伸びる。
髪が痩せ細る。
分け目が薄くなる。

物事に対して寛容になる。
若い人を応援したくなる。
お酒と肴《さかな》を深く味わえる。
看取《みと》ってくれるかもしれない親友ができる。
子供の笑顔に目を細める。
ゆっくり呼吸できる。
男性目線から解放される。
女ひとり寿司ができる。
感受性が豊かになる。
緊張しなくなる。
呑気《のんき》でいられる。
ありのままでいいと思える。
小さな幸せに満足できる。
矛盾を矛盾として受け止めて生きられる。

人を束縛することなく愛せる。
赤い口紅が似合う。
ダイヤモンドが似合う。
多様性を認められる。
のんべい横丁もパリの三つ星も等しく楽しめる。
自分のお金を自由に使える。
一人旅ができる。
歳をとって失うものの多くは「肉体的なこと」であり、
得るものの多くは「精神的なこと」であることに気づく。

人生、そんなに悪くないと思える。
歳をとるのも悪くないと思える。
今がいちばん楽しいと思える。
今がいちばんキレイと言える。

LIFE IS BEAUTIFUL.

おわりに

　私が、ピチカート・ファイヴの３代目ヴォーカリストになったのは、ちょうど30歳の時でした。１９９０年のことです。それから約10年間、日本のみならず世界を駆け巡り、プライベートでは結婚、出産も経験して、まるでジェットコースターのような毎日でした。

　当時は年齢を非公開としていました。それは、ピチカート・ファイヴのヴォーカル担当として、さまざまなスタイルの女性に変身するには年齢が邪魔だったからです。ファンタジーをお届けするには、年齢も国境も飛び越えたいと考えていました。

今は年齢を邪魔だとは思っていません。さまざまなタイプの女性に変身するよりも、リアルな自分で世界中の名曲を歌いたいという心境になったからです。

近頃は、「ファンです」と告白してくださる若い女性の中に、私の娘ほどの年頃（20代）の方たちもたくさんいます。「お母様はおいくつ？」と尋ねた答えに、最初はショックを受けていましたが、娘がいない私にとっては彼女たちが可愛くて、今ではちょっとした母親気分に浸っています。

30代から40代のファンの方の中には、自分の年齢を〝野宮時間〟で換算している人がいるという話を聞いて笑ってしまいました。

「野宮さんは、30歳からピチカート・ファイヴを始めたんだから。33歳は〝東京は夜の七時〟前夜！　私たち、これからなの！」

「この時野宮さんは……と常に自分の人生を野宮時間で換算してます。

偉大な先輩!」

そして、おしゃれについても、

「着ないで後悔より、着て後悔するほうがまし! おしゃれは野宮さんに教えてもらいました」。

なんとも嬉しいではありませんか!

最後はタイヤチューブのドレスまで着こなした私に後悔の文字はありません。

〝野宮時間〟がみなさんの一歩踏み出す勇気になるのなら、私の存在価値もあるというものです。

一歩踏み出す勇気——。その象徴を、私は、赤い口紅だと思っています。それで、本のタイトルを「赤い口紅があればいい」としました。

赤い口紅は、誰でも簡単に手に入れることができますが、つけるのには少し勇気がいるアイテムです。でも一歩踏み出す勇気があれば、新しい自分に出逢えます。

考える前に、跳べ！　考える前に、塗れ！

恐れることなく、自分を信じて前に進みましょう。

あなたの背中をそっと押してくれるものは、赤い口紅以外にもあります。この本を読んで、あなたにとっての「赤い口紅」を見つけることができたら、これほど幸せなことはありません。


最後に、この本を読んでくださったみなさん、フィトテラピーの素晴らしさを教えてくださった森田敦子さん、素敵な口紅を一緒に開発してくださったＭｉＭＣの北島寿さん、東谷加都子さん、口紅が生まれるきっかけをつくってくださったコスメキッチンの小木充さん、音楽プロデューサーの坂口修さん、ユニバーサルミュージックの子安次郎さん、藤原繁樹さん、ソニー・ミュージックアーティスツの出口豊さん、私のおしゃれをいつも支えてくれるマッセメンシュの内山奈津子さん、丸山敬太さん、そして私の原稿を辛抱強く待ってくださり、文章にいつも優しい感想を添えて励ましてくださった幻冬舎の竹村優子さん、その他にも、ここには書ききれませんが、私を支えてくれるすべてのスタッフ、友人と家族、そして私をいつも「美人でいさせてくれる」ファンのみなさまに感謝の気持ちを伝えたいと思います。

今年でデビュー35周年、還暦まであと4年。これから先も〝野宮時間〟は続いていくでしょう。それが、どんな時間になるのか私自身も楽しみです。

2016年7月

野宮真貴

ブックデザイン　山本知香子
扉写真　信藤三雄（撮影）、冨沢ノボル（ヘアメイク）、間山雄紀（スタイリング）
帯、カバー袖写真　石渡史暁（撮影）
ＤＴＰ　美創
編集　竹村優子（幻冬舎）

野宮真貴　Nomiya Maki

シンガー・フィトテラピスト（植物療法士）

１９８１年『ピンクの心』でデビュー。「ピチカート・ファイヴ」３代目ヴォーカリストとして、90年代に一世を風靡した「渋谷系」ムーブメントを国内外で巻き起こし、音楽・ファッションアイコンとなる。その後も独創的な存在感と歌声で、音楽、アート、ファッションなど多岐にわたって活動。２０１０年に「ＡＭＰＰ認定メディカル・フィトテラピスト」の資格を取得。現在、音楽活動に加え、ファッションやヘルス＆ビューティーのプロデュース、エッセイストなど多方面で活躍中。16年8月にはアルバム『男と女～野宮真貴、フレンチ渋谷系を歌う。』を発売。また著書に『おしゃれ手帖』『スター・ストラック～スタアのひとりごと』『ドレスコードのすすめ～おしゃれ手帖ＰＡＲＴ Ⅱ～』『おしゃれに生きるヒント』、共著に『エレガンス中毒ぎりぎりの女たち』がある。

www.missmakinomiya.com

日本音楽著作権協会（出）許諾第1609419－705号

赤い口紅があればいい
いつでもいちばん美人に見えるテクニック

2016年9月20日　第1刷発行
2017年4月5日　第5刷発行

著　者　野宮真貴
発行者　見城 徹

発行所　株式会社 幻冬舎
〒151-0051 東京都渋谷区千駄ヶ谷4-9-7
電話　03(5411)6211(編集)
03(5411)6222(営業)
振替　00120-8-767643
印刷・製本所　中央精版印刷株式会社

検印廃止

Printed in Japan
ISBN978-4-344-03002-2 C0095
幻冬舎ホームページアドレス　http://www.gentosha.co.jp/

この本に関するご意見・ご感想をメールでお寄せいただく場合は、
comment@gentosha.co.jpまで。